MW01146120

LA NUIT,
J'ÉCRIRAI
DES SOLEILS

BORIS CYRULNIK

LA NUIT, J'ÉCRIRAI DES SOLEILS

Odile
Jacob

© Odile Jacob, avril 2019
15, rue Soufflot, 75005 Paris

www.odilejacob.fr

ISBN : 978-2-7381-4828-5

C'est alors qu'il prononça cette phrase inouïe :

« Mère, voulez-vous me passer le sel ? »
Personne n'en croyait ses oreilles.
« Mais tu parles, mon fils, tu parles ! Pourquoi étais-tu muet ?
– Parce que jusqu'à présent, mère, tout était parfait. Il n'y avait rien à dire. »

Comment comprendre cette fabulette[1] ?

La parole ne vient-elle que pour combler un manque ? Si nos âmes étaient fusionnées nous pourrions, sans un mot, nous comprendre, ressentir les émotions des autres, deviner leurs désirs, connaître leurs croyances. Pour que les mots nous viennent à l'esprit, il faut se séparer puis maintenir un lien verbal avec l'autre qui s'éloigne.

La parole naît dans l'imperfection de la relation, créant ainsi un nouveau monde flou, mystérieux,

---

1. Sylvestre A., *Coquelicot et autres mots que j'aime*, Paris, Seuil, « Points », 2014.

enchanté, parfois ensorcelé. Si les mots ne désignaient que des choses, la sonorité « four-chette » désignerait un objet dur avec des dents. Alors que ce mot désigne une représentation de chose : « Elle est mystérieuse, cette fourchette, elle est méchante. Mon petit frère a voulu la planter dans mon bras. » Ou : « Elle est attendrissante, cette fourchette, ma grand-mère que j'aimais me l'a donnée un soir. » Le halo affectif des mots est déjà une interprétation du monde.

CHAPITRE 1

QUELQUES MOTS
POUR TISSER UN LIEN

On parle pour tisser un lien, on écrit pour donner forme à un monde incertain, pour sortir de la brume en éclairant un coin de notre monde mental. Quand un mot parlé est une interaction réelle, un mot écrit modifie l'imaginaire.

À peine commence-t-il à parler que l'enfant découvre qu'il peut supporter l'absence de sa mère en mettant à sa place un dessin qui comble sa disparition. Quand elle revient, le jeune créateur lui montre son œuvre et l'entoure de mots afin de rétablir un lien. C'est le manque de figure présente qui a stimulé la créativité de l'enfant et le dessin entouré de mots a activé l'attachement. Quand la mère n'est jamais là, tout s'arrête, la vie psychique ne s'élance pas. Mais quand elle est toujours là, un attachement sans rupture engourdit la vie psychique. C'est pourquoi la déchirure est une contrainte à l'œuvre d'art. Ce qui ne veut pas dire qu'une œuvre d'art est une contrainte à la déchirure.

Toutes les vaches sont des mammifères ne dit pas que tous les mammifères sont des vaches.

> « Pourquoi le champ de la blessure est-il de loin le plus prospère[1] ? »
> Parce que le plus sûr moyen de recoudre la déchirure, c'est de suturer la plaie avec des mots.
> « Pourquoi écrire quand on agonise à Auschwitz ? », a-t-on demandé à Charlotte Delbo. Pourquoi Ana Novac, âgée de 14 ans, risquait-elle sa vie en écrivant sur des morceaux de sac en papier ? Pourquoi Germaine Tillion à Ravensbrück a-t-elle chanté avec ses codétenues une parodie d'opérette[2] ? Pourquoi Antonin Artaud écrivait-il « pour sortir de l'enfer » ? Pourquoi Jean Genet se faisait-il emprisonner en commettant quelques larcins stupides afin d'être contraint à « écrire pour sortir de prison » ?

La création d'un monde de mots permet d'échapper à l'horreur du réel en éprouvant au fond de soi le plaisir provoqué par une poésie, une fable, une belle idée, une chanson qui métamorphose la réalité et la rend supportable.

Le monde écrit n'est pas une traduction du monde oral. C'est une création puisque le mot choisi pour nommer la chose est une découpe du réel qui lui donne un destin. « J'écris pour me venger » ou « j'écris pour donner sens au fracas » oriente l'âme vers une lumière au bout du tunnel. Le mot qui vient à l'esprit pour désigner

---

1. Char R., *Lettera amorosa*, Paris, Gallimard, 1953.
2. Tillion G., *Une opérette à Ravensbrück. Le Verfügbar aux Enfers*, Paris, Seuil, « Points », 2007.

la chose imprègne l'événement d'une signification qui vient de notre histoire. Je me souviens d'une réunion dans une association de survivants de la Shoah. Le président, en rendant les comptes de l'activité de l'année, a dit : « Nos réunions intéressent beaucoup de personnes. Nous avons trop de travail. Nous devrions prendre un… Il faudra prendre un… » Insupportable de finir la phrase. C'est alors que quelqu'un, éclatant de rire, a dit : « On ne peut tout de même pas prendre un "collaborateur" ! » Ce mot, pour des survivants de la persécution des Juifs, était chargé d'un sens venu de leur histoire. En temps de paix, le mot « collaborateur » aurait simplement signifié qu'on allait travailler ensemble. Mais pour ceux qui avaient connu la guerre et la délation, il avait une odeur de mort qui le rendait difficile à prononcer.

Pour Anne Sylvestre, la chanteuse, le mot « coquelicot » est un « cri », un « appel », « un mot de joues rouges et de course folle dans les blés[3] ». Pour elle, le mot « Libération » est une déchirure, « une honte lourde à porter quand on est une enfant et qu'on préférerait parfois le malheur[4] ». Son père, doriotiste pendant la Seconde Guerre mondiale, communiste séduit par le nazisme, avait entraîné sa famille dans le malheur. En 1945, Anne, comme tous les traumatisés, n'avait pas eu la force d'en parler parce que les mots auraient fait saigner sa mémoire. Alors elle se taisait pour moins souffrir. Prisonnière du silence, elle a osé tenter l'aventure de la parole : « Depuis qu'elle sait,

---

3. Sylvestre A., *Coquelicot et autres mots que j'aime, op. cit.*, p. 11.
4. Pantchenko D., *Anne Sylvestre*, Paris, Fayard, 2012, p. 44.

l'image de ces enfants traqués, de ces enfants cassés, de ces enfants brûlés [...], ses larmes ne rachèteront jamais le fait qu'elle ait eu une enfance heureuse[5]. » Le mot « Libération », pour elle, signifiait la honte, honte d'avoir été une petite fille heureuse, alors que d'autres enfants souffraient d'une torture insupportable. Il a fallu le détour de la chanson pour poétiser le réel et construire sa propre réalité.

L'information brutale, à la Libération, avait désorganisé son monde de petite fille : « Ton père, que tu aimes tant, a participé à l'assassinat de plus d'un million d'enfants. » Comment comprendre ça ? Anne n'a pu supporter le coup qu'en s'exerçant à transformer ses émotions douloureuses en expressions émouvantes, surprenantes, élégantes grâce à la poésie : « C'est le lien magique de toutes les métamorphoses, la ligne invisible où la ballerine retombe de ses pointes, où le cygne redevient canard... Je me demande une fois de plus ce que je fais là, si ça ne serait pas plus simple de mourir sur place, là, tout de suite, et où j'implore sans savoir exactement qui ou quoi :
Aidez-moi !
Avant de sauter dans le vide
Avec le sourire[6]. »

La ballerine nous enchante quand elle est en scène mais quand, dans les coulisses, son réel est démasqué, la douleur réapparaît. La poésie agence des saynètes où le réel est imprégné d'imaginaire et, dans sa douce brume, la souffrance embellie prend un sens personnel.

---

5. *Ibid.*
6. Sylvestre A., *Coquelicot et autres mots que j'aime, op. cit.*, p. 15-16.

CHAPITRE 2

QUAND LES MOTS DONNENT À VOIR

Il faut que le langage soit énigmatique afin de laisser place à l'interprétation. Un langage précis ne serait que désignation, signal de la chose, sans vie émotionnelle, sans vibration, juste une information pour déclencher la réponse. Il faut une illusion, un agencement de saynètes verbales pour donner vie au plaisir de penser.

Quand le microscope a été mis au point, en 1590 par le Hollandais Van Leeuwenhoek, il a permis de voir un spermatozoïde, petit organisme clôturé par une membrane : il fut donc appelé « cellule ». Mais, quand le microscope électronique est entré dans les laboratoires au XXe siècle, on a vu que ces membranes étaient tellement percées de canaux qu'on aurait dû nommer ces cellules « passoires », changeant ainsi la représentation de la chose. Le mot « maison » qu'on peut lire dans la Bible désigne un objet qui existait il y a plusieurs milliers d'années. Le même mot « maison » employé au XXIe siècle désigne un habitat différent. Le mot « ouvrier » écrit par Émile Zola ne désigne pas la même condition masculine que le mot « ouvrier » employé aujourd'hui. Et le mot « mort » n'énonçait pas seulement la fin de la vie quand j'ai entendu un jeune Palestinien dire à un autre enfant : « Ton père est plus grand que le mien parce qu'il a été tué. » J'ai compris que pour cet enfant les circonstances de la mort du père signifiaient beaucoup plus que la fin de l'existence. Dire : « Mon père est mort de vieillesse » ne déclenche pas la même représentation que dire : « Ton père est mort au combat ». Le sentiment provoqué par ces mêmes mots est différent, presque opposé.

Les mots écrits possèdent un pouvoir de métamorphose. « Dès que vous savez lire, vous devenez lecteur[1] », vous n'êtes plus le même, vous venez de changer de manière d'être humain. « La littérature, comme toutes les formes d'art, est la preuve que la vie ne suffit pas… » La vie n'est que biologique, nécessaire et insuffisante. L'art est la négation de cette vie, le piège des mots crée la sensation d'exister ! La seule réalité, c'est l'âme ; tout ce qui n'est que corps « me paraît frivole et trivial comparé à la pure et souveraine grandeur de mes rêveries… À mes yeux, ces rêves-là sont plus réels[2]. »

Il est un fait que le réel des choses est souvent non conscient. Il ne peut être rendu visible et compréhensible que grâce à une démarche scientifique. Ce qui remplit notre monde mental, ce n'est pas le réel, c'est la représentation du réel par la rêverie et le récit. Nous ne

---

1. Despret V., « Habiter le monde autrement, avec des animaux », conférence au Collège méditerranéen des libertés, Toulon, le 24 avril 2017.
2. Pessoa F., *Le Livre de l'intranquillité*, Paris, Christian Bourgois, 1999, p. 68.

prenons pas conscience de la sécrétion de nos hormones ou du fonctionnement de notre cerveau, mais lorsque nous sommes possédés par la représentation du monde, c'est grâce à l'outillage des mots parlés et écrits que nous gagnons un degré de liberté. Pour se tenir debout ou pour respirer, nous n'avons pas le choix, notre corps transige avec le réel sans en avoir conscience. Mais quand nous donnons une forme verbale aux événements qui construisent une représentation de soi, nous pouvons sans cesse la remanier en en faisant des récits.

La Seconde Guerre mondiale est la cause de mon enfance chaotique. J'ai appris que j'étais juif à l'âge de 6 ans au petit matin de mon arrestation, le 10 janvier 1944, par la Gestapo française associée à l'armée allemande. Personne n'avait pu me le dire puisqu'il n'y avait plus de Juifs autour de moi. Ils étaient tous à Auschwitz, dans l'armée française ou dans la Résistance. Les Justes chrétiens qui m'entouraient ont voulu me protéger, en ne me le disant pas. Après la Libération, quand je racontais mon arrestation, mon évasion et ma guerre à 6 ans, les adultes éclataient de rire, car un tel réel était, pour eux, impensable. Leur incrédulité m'a fait taire pendant quarante ans. Après avoir retrouvé les archives et les témoins, j'ai voulu réfléchir à cette enfance curieuse. J'ai écrit un livre auquel j'ai donné la forme d'une enquête et non pas celle d'une autobiographie[3]. J'ai confronté mes souvenirs avec les documents officiels, je suis retourné sur les lieux de la guerre et j'ai rencontré quelques témoins de cette époque troublée.

---

3. Cyrulnik B., *Sauve-toi, la vie t'appelle*, Paris, Odile Jacob, 2012.

Alors j'ai lu, sur des papiers administratifs, quelques faits que j'ignorais et qui ont changé mon histoire. Je me suis rendu à la synagogue de Bordeaux qui, en 1944, avait été transformée en prison par des barbelés et des soldats en armes, et j'ai dû reconnaître que ce qui était dans ma mémoire ne pouvait pas correspondre au réel des faits et des bâtiments. Quand j'ai rencontré quelques témoins qui avaient subi comme moi l'occupation allemande, la vie dans les institutions pour enfants sans familles et la libération de Bordeaux, de Bègles et de Castillon-la-Bataille, j'ai été étonné par la discordance de nos mémoires.

Ce qui m'a le plus surpris, c'est la modification de mes souvenirs. Après avoir écrit ce livre, je n'ai plus vu mon enfance de la même manière. Pendant quarante ans, elle avait été muette, composée d'images claires, comme dans un film sans paroles. Après ce livre, après les explications, les débats, les découvertes surprenantes et parfois les critiques, mon enfance est devenue une vie lue et non plus imaginée en silence. Mon souvenir d'enfance me donnait désormais l'impression de l'enfance d'un autre, intéressante et détachée. Le travail de l'écriture avait modifié ma mémoire.

Je sais maintenant que, grâce aux récits intimes, aux récits partagés avec quelques proches et aux récits que la culture raconte à propos de nos enfances fracassées, il est toujours possible d'écrire d'autres vies.

CHAPITRE 3

QUARANTE VOLEURS
EN CARENCE AFFECTIVE[1]

Un nouveau-né abandonné n'a aucune chance de
survivre. Le corps de sa mère lui offre une première
niche sensorielle qui tutorise ses développements. Dès
les premiers mois, la niche s'élargit et intègre rapidement
une autre base sensorielle, une autre figure d'attachement que l'on peut appeler « père » ou « grand-mère »
ou « tante » selon la structure familiale. Ce qui revient
à dire que, dès le début de la vie, l'organisation sociale
dispose autour de l'enfant les tuteurs comportementaux
et verbaux qui vont diriger les développements biologiques et affectifs du tout-petit.

Parfois, cette niche est altérée par la maladie de la
mère, par la violence conjugale, par la précarité sociale,
par la famine, par les épidémies, par les guerres et bien
d'autres malheurs qui ne sont pas rares dans l'aventure humaine. Ces enfants composent la population

1. Bowlby J., « Some pathological processes set in train by early mother-child
separation », *J. Ment. Sci.*, 1953, 99, p. 265-272.

des mal partis dans l'existence. L'altération du milieu altère les premiers étages de la construction de leur petite personne. Il arrive même que cette niche se désertifie quand la mère meurt et quand le milieu ne fournit pas un substitut sensoriel, un autre être vivant qui avec son corps, ses comportements et ses mots aurait structuré une nouvelle niche pour tutoriser d'autres développements. Isolé, l'enfant meurt. Dans une niche altérée, il connaît un mauvais départ qui abîme ses développements, mais cette tendance n'est pas inexorable, ce qui explique la possibilité de résilience.

À l'origine de l'humanité, la disparition de la mère était compensée par la structure du groupe. Quelques chasseurs-cueilleurs, hommes et femmes, marchaient côte à côte, ramassaient des fruits et attrapaient de petits animaux. L'enfant qui venait de perdre sa mère pouvait poursuivre son développement dans une niche composée par le groupe. Quand la civilisation s'est complexifiée, la technologie a progressivement organisé les sociétés. L'efficacité des armes, la précision des pièges ont spécialisé le groupe des chasseurs. Les hommes qui partaient au loin ne participaient plus à la niche sensorielle des premiers mois des nouveau-nés. Quand, au néolithique, l'élevage des animaux et l'agriculture ont planifié les activités du groupe, la niche sensorielle a été structurée par ce nouvel environnement. Quand il arrivait que la mère meure ou ne puisse pas s'occuper de l'enfant, la civilisation proposait une nouvelle niche sensorielle afin que l'enfant continue à vivre. Le substitut affectif dépendait de la manière dont la culture concevait l'éducation des enfants. Dans une culture simple, les petits garçons suivaient les hommes, les imitaient et apprenaient la technologie de la chasse, de la pêche, de l'élevage et de l'agriculture. Les petites filles suivaient les femmes et apprenaient à s'occuper de la ferme, du foyer et des nouveau-nés. Curieusement ces contraintes éducatives donnaient aux enfants une impression de liberté ! Dans les favelas brésiliennes, dans des villages d'Indiens du Pérou, de Colombie, ou dans le sud du Maghreb, j'ai vu des enfants jouer et courir en tous sens en toute sécurité. Tout adulte se considérait comme parent de tout enfant et s'en sentait responsable. Chaque enfant obéissait à ces adultes, sans jamais sortir des frontières du village.

La structure de cette niche sensorielle a connu des changements selon le climat, les techniques, les guerres et les récits qui attribuaient des valeurs différentes aux conduites. Le village protecteur, éducatif et contraignant s'est maintenu jusqu'à l'explosion industrielle du XIXᵉ siècle. « En 1797, une mesure gouvernementale encourage les premiers manufacturiers à employer les enfants des hospices[2]. » Quand l'orphelinage augmentait sous l'effet des épidémies, quand l'immense pauvreté des parents leur faisait penser que leurs enfants seraient moins malheureux dans une institution, l'abandon n'était pas considéré comme un crime. Les enfants sans famille abondaient dans les hospices, qui orientaient leur destin vers les métiers

---

2. Laplaige D., *Sans famille à Paris. Orphelins et enfants abandonnés de la Seine au XIXᵉ siècle*, Paris, Centurion, 1989, p. 7-8.

de bonne à tout faire pour les filles, d'ouvrier agricole pour les garçons et de petits boulots dans les usines naissantes. On demandait aux célibataires, aux colonies agricoles et aux établissements catholiques de recueillir des orphelins. Leur poids éducatif était moins lourd qu'aujourd'hui : un coin pour dormir, une gamelle à la table commune, un peu d'école et un travail précoce suffisait à leur socialisation. La littérature témoigne de ces carences éducatives avec *Pot-Bouille* d'Émile Zola, *Les Misérables* de Victor Hugo, *Une vie* de Maupassant et *Oliver Twist* de Charles Dickens. Ces auteurs décrivent la métamorphose des enfants mal partis qui, dès qu'ils rencontrent une gentille famille bourgeoise (Oliver Twist), un mouvement social libérateur (Gavroche) ou un adulte compatissant (Cosette), cessent d'être débiles ou délinquants. Cette littérature de la résilience s'oppose aux stéréotypes culturels qui récitaient qu'un enfant sans famille devenait arriéré et malfaiteur. La réaction sociale adaptée à une telle représentation culturelle consistait à punir ces petits voleurs et ces jeunes prostituées.

« Pourquoi abandonnez-vous votre enfant ?

– Je ne gagne que 20 sous par jour.

– Vous n'avez pas de parents qui puissent vous réclamer, alors votre compte est bon...

– Nous irons en prison parce que nous sommes sans père ni mère ?

– Oui, en prison, c'est comme ça[3]. »

---

3. Cité *in* D. Laplaige, *Sans famille à Paris*, *op. cit.*, gravures p. 64-65.

Cette vision de l'enfant abandonné imprègne encore le XXᵉ siècle. Quand Jean Genet arrive au monde en 1910, il est abandonné jusqu'à l'âge de 7 mois, puis est placé chez Charles et Eugénie Regnier, menuisier et débitants de tabac.

Les agences du Morvan ont bonne réputation[4]. Les bébés abandonnés sont nourris au sein, restent au domicile de la nourrice et sont souvent « gagés » vers l'âge de 12 ans, salariés dans la famille d'accueil avec laquelle ils ont tissé des liens affectueux.

Le bébé Jean Genet est recueilli très tôt, dans une gentille famille. Deux enfants naturels, Berthe et Georges, auxquels s'adjoint une autre pupille de l'Assistance publique, Lucie, composent un foyer stable et gai. Genet célèbre sa communion et passe son certificat d'études. On se parle affectueusement dans cette maison où Mme Regnier appelle l'enfant « mon Jean » comme cela se fait encore dans les familles du centre de la France. Lucie Wirtz, sa sœur de lait, l'autre enfant de l'Assistance témoigne : « Les Regnier, il n'y avait pas de meilleurs qu'eux dans le bourg ! [...] M. Regnier, mon père, je n'ai jamais vu un homme aussi gentil. » Genet était aimé par sa mère, qui le laissait faire ce qu'il voulait à la maison[5]. Cet enfant choyé, ce « petit roi à la maison[6] » ne pose aucun problème : « J'étais toujours

---

4. Jablonka I., *Ni père ni mère. Histoire des enfants de l'Assistance publique (1874-1939)*, Paris, Seuil, 2006.
5. Jean Cortet (camarade de classe) cité *in* I. Jablonka, *Les Vérités inavouables de Jean Genet*, Paris, Seuil, 2004, p. 44.
6. Dichy A., Fouché P., *Jean Genet. Essai de chronologie, 1910-1944*, Saint-Germain-la-Blanche-Herbe, IMEC Éditions, 2004, p. 59.

le premier en classe, presque toujours. Vous savez pourquoi ? Parce que la maison de la famille qui m'élevait
touchait l'école, pile la porte à côté. [...] J'étais toujours
présent [...]. Les autres de ma classe étaient fils de paysans ; ils [...] pouvaient s'occuper des vaches, travailler
la terre[7]. » Ses camarades de classe témoignent : « Il
lisait énormément. Même dans la cour de récréation, il
restait à lire, accoudé au muret », dit Camille Harcq ;
« il restait toujours à l'écart de ses camarades et passait
son temps à lire », confirme Marc Kouscher[8].

Ces témoignages m'intriguent. J'imagine la vie
quotidienne d'un enfant qui ne fait rien à la maison,
qui pousse la porte d'à côté pour aller à l'école, qui
n'a aucun copain, qui ne joue jamais, ne fait pas de
bêtise, se tient accoudé à un muret pour lire sans cesse,
ne se fait pas remarquer et ne travaille pas à la ferme
comme les autres garçons de son âge. Je me demande
pourquoi plus tard Jean Genet, âgé de 70 ans, a raconté
ce souvenir d'enfance avec les mots suivants : « J'étais
toujours le premier en classe parce que la maison de la
famille qui m'élevait touchait l'école. » Il parle de « la
famille qui m'élevait » alors que sa sœur de lait Lucie
Wirtz, recueillie dans la même famille, dit : « Mon
père, je n'ai jamais vu un homme si gentil », ou « mes
parents », « mes frères ». Dans la même famille, dans le
même village, dans la même situation d'enfants abandonnés et recueillis, ces deux personnes n'avaient pas

---

7. J. Genet, entretien avec P. Vicary (1981), cité *in* P.-M. Héron commente,
Journal d'un voleur de Jean Genet, Paris, Gallimard, « Folio », 2003, p. 232.
8. Jablonka I., *Les Vérités inavouables de Jean Genet*, *op. cit.*, p. 51.

acquis le même goût du monde. L'affectivité chaleureuse de Lucie contrastait avec la distance émotionnelle
de Jean : « J'habitais la maison de la famille qui m'élevait » c'est presque dire : « On m'avait placé dans une
sorte d'hôtel où des gens s'occupaient de moi, et moi,
par crainte des relations, je me réfugiais dans les livres,
je me cachais derrière pour éviter les contacts amicaux
qui m'angoissaient. Voilà pourquoi j'étais sage et bon
élève. » Mauvais présage.

CHAPITRE 4

L'HÉRITAGE DU GOÛT DU MONDE

Je peux comprendre le monde mental de Jean Genet et de sa sœur Lucie Wirtz, car j'ai connu dans mon enfance, avant la guerre, une situation analogue. En fait, il n'y a pas de situation analogue, il n'y a que des situations comparables, donc différentes. Moi aussi, j'ai été un enfant sans famille. Mes parents ont disparu dès le début de la guerre, mon père engagé en 1939 dans le régiment des volontaires étrangers, ma mère arrêtée par la Gestapo en 1942 et le reste de ma famille évaporé on ne sait où.

Je crois bien que les premiers mois de ma vie ont été entourés. J'ai probablement bénéficié d'une niche sensorielle stable et chaleureuse. Dans ma mémoire, j'ai quelques images où je vois, à l'autre bout du couloir, une pièce claire que mon père avait transformée en atelier de menuiserie. Je me souviens d'une autre pièce plus sombre avec un tas de charbon dans un coin. Nous y prenions nos repas. Je vois mon père, lisant un grand journal et disant : « Aïe, aïe, aïe. » Je me souviens d'une course autour de la table quand je fuyais mon père qui voulait me donner un coup de pied dans les fesses pour une bêtise dont je n'ai aucun souvenir. J'ai été fier de lui avoir échappé. Je me souviens d'une bagarre avec un petit copain de la rue de la Rousselle à Bordeaux, j'avais couru vers mon père pour lui demander de tuer ce petit copain. J'ai en mémoire l'image de parents qui se parlaient doucement et soudain devenaient graves quand ils commentaient ce qui était dans le grand journal.

Je pense, aujourd'hui, que la persécution a solidarisé leur couple. Je ne savais pas que nous étions juifs, ce mot n'était jamais prononcé. Mes parents jouaient avec moi, puis parlaient à voix basse en se prenant la main. Je me sentais protégé par leur proximité affective. J'avais 2 ans. Je ne pouvais pas comprendre que cet attachement qui me sécurisait était dû à la menace de mort qui planait autour de nous. Dans un contexte en paix où chacun aurait voulu cheminer dans sa direction, ils se seraient peut-être disputés ? Ce qui m'aurait insécurisé.

Lucie Wirtz, la sœur de lait de Jean Genet, avait déjà acquis un goût du monde chaleureux quand elle a été recueillie par la famille Regnier. Elle a aussitôt éprouvé la gentillesse de M. Regnier, la tendresse de sa femme et la fraternité des deux enfants naturels du foyer.

Jean Genet n'a probablement pas connu ce socle de départ, ce port d'attache qui donne à un enfant une assise solide. Probablement, il a été placé en privation sensorielle pendant les premiers mois de sa vie. Aucune stimulation pour éveiller son âme. Rien. Le vide autour de lui a induit le vide au fond de lui, comme on le voit régulièrement chez les nouveau-nés isolés. Le monde mental d'un enfant ne peut se remplir que de ce que les autres y mettent : leurs sourires, leurs colères, leur tendresse et leurs soins. Quand il n'y a personne autour de l'enfant, le seul objet extérieur est fourni par ses propres mains qu'il regarde tourner, ses pieds qu'il ne cesse d'agiter ou ses mouvements de balancier qui déclenchent au fond de lui un vague sentiment d'exister, un pauvre événement. Un enfant sans Autre ne peut pas construire sa propre intimité puisque rien ne s'inscrit dans sa mémoire. Quand le milieu est vide, c'est une trace de vide qui s'imprègne dans son âme, ce n'est pas un souvenir[1]. Les bébés abandonnés, isolés sensoriellement, finissent par s'immobiliser, yeux dans le vague, sans mimiques et sans babils, inertes, coupés du monde réel[2]. Dans un milieu sans vie, les bébés se laissent aller à la mort puisqu'il n'y a pas de différence. Mais quand une stimulation physique les maintient en vie, ils gardent une trace durable de cette privation affective[3].

On sait photographier aujourd'hui cette trace du vide, stigmate de l'absence de stimulations précoces. L'ordinateur traduit en couleurs le dégagement de chaleur produit par les zones cérébrales qui consomment du

---

1. Lejeune A., Delage M., *La Mémoire sans souvenirs*, Paris, Odile Jacob, 2017.
2. Spitz R., *La Première Année de la vie de l'enfant*, préface d'Anna Freud, Paris, Payot, 1946.
3. Nelson C. A., Nathan A. F., Zeanah C. H., « Cognitive recovery in socially deprived young children : The Bucarest early intervention project », *Science*, 2007, 318, p. 1937-1940.

glucose en travaillant. L'image du cerveau d'un enfant placé dans un milieu pauvre en affect est bleue et verte, révélant ainsi un ralentissement métabolique[4]. Plus la privation est intense et durable, moins le cerveau réagit. Les familles d'accueil ont du mal à le relancer.

Mais quand la carence a été moins intense ou moins longue, le milieu d'accueil réchauffe l'enfant. La neuro-imagerie montre alors un cerveau jaune et rouge, preuve de la résilience neuronale. L'énergie réapparaît surtout dans les zones médianes, qui constituent le socle neurologique de la mémoire et des émotions. Le monde intime de l'enfant peut à nouveau se remplir de souvenirs.

Tant que le petit ne parle pas, il exprime ses émotions par des comportements, des mimiques, des babils et des gambades qui structurent les interactions avec ses donneurs de soins. Plus tard, quand l'enfant parle, il aura quelque chose à dire pour nourrir ses relations : « J'ai été à la pêche avec toi… Je t'aime… À l'école, Nadine est méchante. » Est-ce à dire qu'il suffit de réchauffer un enfant abandonné en lui proposant une nouvelle niche affective pour que tout se remette à fonctionner comme avant ? La neuro-imagerie montre qu'il est nécessaire d'animer un bébé pour que son cerveau se remette à vibrer, mais ce n'est pas suffisant. L'enfant garde la trace mnésique de la privation passée. C'est pourquoi il arrive qu'une famille d'accueil talentueuse ne parvienne pas

---

4. Alisa A. *et al.*, « Effects of early intervention and the moderating effects of brain activity on institutionalized children's social skills at age 8 », *Proceedings of the National Academy of Sciences*, 2012, 109 (2), p. 17228-17231.

à réveiller les réponses affectives d'un enfant engourdi par une longue privation. Un tel enfant a acquis une apparence anhédonique[5]. Isolé précocement lors d'une période sensible de son développement, ses neurones non stimulés n'ont pas pu arboriser, envoyer des centaines de milliers de connexions à chaque minute pour établir les circuits neuronaux d'un cerveau sain dans un milieu sain. Les neurones sont là, mais non connectés, ils ne transmettent plus d'information. L'enfant précocement isolé a perdu son aptitude à éprouver du plaisir. C'est avec un style d'attachement engourdi par la privation affective passée que le petit carencé établit ses nouvelles relations.

Jean Genet avait probablement acquis un tel tempérament quand il a été accueilli par la famille Regnier. Il a fini par les aimer comme on aime un hôtelier : « La maison de la famille qui m'élevait », dit-il en parlant de sa généreuse famille d'accueil. Lucie, sa sœur de lait, a ressenti pour la même famille un élan affectueux : « Mon père, le plus gentil des hommes [...], ma mère chérie et ma fratrie amicale. »

Il n'est pas rare que l'isolement précoce altère d'abord le fonctionnement des neurones préfrontaux qui, non stimulés, paraissent atrophiés. Le cerveau antérieur a pour fonction d'anticiper un scénario et de freiner les réactions de l'amygdale rhinencéphalique, socle neurologique des émotions insupportables. Quand cette amande de neurones est touchée par une tumeur,

---

5. Loas G., « Anhédonie », *in* Y. Pélicier, *Les Objets de la psychiatrie,* Bordeaux, L'Esprit du Temps, 1997, p. 45-46.

un abcès ou une blessure accidentelle, le sujet éprouve des angoisses, des terreurs ou des colères incontrôlables. La moindre mimique de l'autre, le moindre mot de travers, la plus petite frustration sont ressentis avec violence. L'enfant ainsi façonné a acquis une vulnérabilité neuroémotionnelle[6]. Le plus petit trouble relationnel provoque des réactions émotionnelles insoutenables. Le sujet ainsi structuré par un départ appauvri dans la vie donne à son désespoir la forme d'une idée suicidaire[7]. Dans ce cas, la neuro-imagerie montre que la partie profonde et médiane du cerveau, zone de l'amygdale, passe au rouge, révélant que, blessé par une remarque minime, il ne parvient pas à contrôler ses réactions émotionnelles. Rien ne peut les freiner, ni les lobes préfrontaux, ni la parole dont l'enfant ne sait pas se servir, ni les lieux culturels où il aurait pu apprendre à établir des relations. Un sujet ainsi façonné par l'appauvrissement de son milieu précoce ne peut pas gouverner ses relations. Il passe à l'acte, c'est tout, sans avoir le temps de se représenter les conséquences.

Je me souviens d'une infirmière qui avait adopté un petit garçon de 10 mois. L'enfant fut facile à élever, très sage, trop certainement. On le mettait à la crèche, il ne protestait pas. On l'envoyait à l'école où personne ne le remarquait. Au fond de la classe, sans un mot, il apprenait silencieusement, ne jouait pas, ne faisait pas de bêtises ; « enfant facile », disait-on. Jusqu'au jour où la foudre a

---

6. Cohen D., « The developmental being », *in* M. E. Garralda, J. P. Raynaud (dir.), *Brain, Mind and Developmental Psychopathology in Childhood*, New York, Jason Aronson, 2012, p. 14.
7. Cyrulnik B., « Déterminants neuro-culturels du suicide », *in* P. Courtet (dir.), *Suicide et environnement social*, Paris, Dunod, 2013, p. 147-155.

frappé : il était âgé de 15 ans quand la police a rendu visite à sa mère, pour lui annoncer que son fils avait été arrêté au cours d'une tentative de hold-up ! Impensable ! Impossible de prévoir un tel comportement... Un enfant si sage ! Au cours de l'interrogatoire il n'a pas dit un mot, incapable lui aussi d'expliquer sa conduite.

On ne savait rien des premiers mois de sa vie. Était-ce un isolement précoce qui avait imprégné dans sa mémoire un tempérament engourdi que les adultes interprétaient en employant les mots « enfant sage » ? Pourquoi était-il passé à l'acte au cours d'une telle transgression ? Pour sortir de sa torpeur, avait-il eu besoin d'une stimulation violente, de l'intense stress d'un hold-up ?

J'ai connu plusieurs garçons qui avaient suivi un cheminement analogue. Je me souviens d'André, bon élève, sage, isolé, sombre, qui ne pouvait aller au lycée sans avoir mis une cravate. Ses camarades moqueurs préféraient les cols ouverts et les jeans savamment déchirés. Son conformisme amusait ses parents, mais ne les inquiétait pas. Jusqu'au jour où André, qui était parti se promener sur la plage des Sablettes au coucher du soleil, a décidé de ne pas rentrer chez lui et de passer la nuit sur le sable. Le lendemain, en se réveillant, il n'avait plus d'angoisses ! Libre, la poitrine dégagée, il respirait enfin à ciel ouvert. Le carcan de sa normalité excessive avait témoigné d'une lutte contre l'angoisse dont il s'était dégagé par une « brusque et imprévisible décharge émotionnelle[8] ». André s'est senti apaisé en

---

8. Alby J.-M., « Alexithymie », *in* Y. Pélicier, *Les Objets de la psychiatrie, op. cit.*, p. 33.

se clochardisant, libéré des contraintes sociales et des codes vestimentaires ; lui le soumis a refusé soudain de rentrer chez ses parents, de retourner au lycée où il se sentait en prison. En se rebellant contre les normes, il s'est libéré de ses chaînes, a quitté sa cravate, sa famille et l'école pour dormir dans la rue, près des gares de préférence où il pouvait rencontrer d'autres clochards, libres comme lui.

Pourquoi ces deux garçons, le délinquant et le clochard, n'avaient-ils aucune vie imaginaire ? Ils auraient pu s'y réfugier pour éprouver le plaisir de vivre ce que le réel leur refusait. Bien au contraire, ils ont eu besoin de la stimulation intense d'une transgression pour sortir de leur torpeur et se rebeller contre l'étouffement de la vie quotidienne : pas d'horaires pour structurer la journée, pas de rencontres ritualisées, pas de vêtements socialement imposés. Ils ont même refusé de se laver ; « être sans corps[9] » était leur liberté. Alors, ils s'habillaient de n'importe quoi, ne soignaient ni leurs dents, ni leurs ongles, ni même leurs écorchures qu'ils laissaient s'infecter. C'est ainsi qu'ils se sentaient délivrés.

---

9. Xavier Emmanuelli, président-fondateur du Samu social, communication lors du séminaire à l'Institut des études avancées, Paris, février 2017.

CHAPITRE 5

SE CACHER DERRIÈRE UN LIVRE

Jean Genet, au cours des 6 premiers mois de sa vie, dans les bras d'une mère seule, malheureuse, qui se préparait à l'abandonner, a probablement mal acquis le socle de sa vie affective. Mal parti dans l'existence, son cerveau a dû s'éteindre comme chez la plupart des enfants isolés. Il a été réchauffé dans les bras d'Eugénie Regnier et dans ce nouveau foyer composé par un gentil père, Charles, et par une fratrie de trois autres enfants. D'accord, il a été réchauffé, mais la trace du vide initial a-t-elle été comblée ? L'image qui me vient à l'esprit, c'est que le premier monde mental de cet enfant a été structuré comme une cellule vide. La niche sensorielle des premiers mois, pauvre et sombre comme un cachot, a laissé entrer quelques bouffées de chaleur maternelle. Tout n'a pas été éteint comme on le voit chez les enfants isolés précocement. Un cerveau longtemps engourdi aurait rendu impossible la moindre vie émotionnelle et psychique[1].

---

1. Spitz R., « Anaclitic depression : An inquiry into the genesis of psychiatric conditions in early childhood, II », *The Psychoanalytic Study of the Child*, I, 1946, 2, p. 313-342.

Quand Jean Genet a été recueilli au 7ᵉ mois, le foyer
Regnier a ravivé les braises de l'enfant, qui s'est remis à
vivre. Mais la trace du vide ne s'est pas effacée. Le petit
Jean s'est adapté à son nouveau foyer grâce à une sagesse
anormale, une morne indifférence qui en a fait un enfant
facile à élever, un peu distant mais, grâce à son indolence,
il est devenu un bon élève, enfant doux, poli, discipliné ;
« caractère sans force » peut-on lire dans un rapport de
l'Assistance publique. Solitaire, il ne joue pas avec les
autres enfants, car il est toujours fatigué : « à l'écart de ses
camarades », il passe son temps à lire[2]. Il devient enfant de
chœur, fait sa communion à 12 ans, passe son certificat
d'études à 13 ans et n'est pas « gagé », employé comme
valet de ferme comme la plupart des enfants de l'Assistance. On l'oriente vers un apprentissage professionnel,
une promotion intellectuelle en quelque sorte.

Peut-être aurait-on dû remarquer son absence de
copains, sa crainte des jeux de bousculades entre petits
garçons et sa tendance au retrait ? En fait Genet, craintif,
se réfugiait dans les livres et s'en servait pour se cacher.
Quand un enfant se socialise, il se débrouille avec
son programme scolaire et utilise quelques copains pour
en faire des bases de sécurité[3]. Le simple fait de pouvoir
nommer quatre à cinq amis est prédictif d'une bonne
socialisation. Genet ne le pouvait pas. Seul, immobile,
réfugié dans ses livres, il s'étonnait de découvrir une

---

2. Dichy A., Fouché P., *Jean Genet. Essai de chronologie, 1910-1944*, op. cit.,
p. 67-71.
3. Fraley R. C., Shaver P. R., « Airport separations. A naturalistic study of adult
attachment dynamics in separating couples », *Journal of Personality and Social
Psychology*, 1998, 75 (5), p. 1198-1212.

soudaine émotion, une attirance imprévue pour un garçon vigoureux qui passait à vélo.

En termes psychanalytiques on pourrait considérer ce refuge dans les livres comme un équivalent de
refuge dans la rêverie, un mécanisme psychologique
qui, « en situation de stress insupportable, entraîne à des
rêveries diurnes excessives se substituant à la poursuite
des relations interpersonnelles[4] ». Un tel refuge protège
et gratifie de brefs moments de bonheur, mais empêche
d'affronter le problème. Genet se sent tellement bien
dans ses rêves qu'il finit par acquérir un dégoût du réel.

Pour créer une situation propice à la rêverie, il suffit de faire des gestes automatiques qui libèrent l'esprit,
comme le tricot ou la marche à pied. On peut aussi
s'isoler et faciliter l'endormissement qui laisse surgir
les fantaisies imaginaires. Alors notre monde intime,
coupé des autres et du réel, se remplit de scénarios
venus du fond de nous-mêmes. C'est ainsi qu'on peut
s'évader d'un monde douloureux en laissant émerger
celui de nos désirs qui remplissent un désert affectif
avec des satisfactions imaginaires[5]. La lecture ouvre sur
un continent protecteur, « car les livres sont nos vrais
maîtres à rêver[6] ».

L'aptitude à la rêverie est une caractéristique de
la condition humaine puisqu'en cas de malheur nous
possédons une arme virtuelle pour combattre un réel

4. Ionescu S., Jacquet M.-M., Lhote C., *Les Mécanismes de défense. Théorie et clinique*, Paris, Nathan, 1997, p. 247.
5. Freud S., « Les fantasmes hystériques et leur relation à la bisexualité » (1908), *Névrose, psychose et perversion*, Paris, PUF, 1974, p. 143-148.
6. Bachelard G., *La Poétique de la rêverie*, Paris, PUF, 1960.

douloureux. En cas de désert affectif, nous pouvons y faire vivre quelques rêves délicieux. Les animaux ont des rêves, mais ont-ils des rêveries ? Ils traitent les informations du contexte, et peuvent s'en échapper, ils peuvent effectuer des recherches anticipées, chercher des aliments ou des femelles consentantes, mais ils ne peuvent pas s'isoler dans des urinoirs pour y rêver et y lire des heures durant : « Les cabinets étaient la couveuse de son imagination – un lieu somnolent et sombre où il [Genet] pouvait respirer ses propres odeurs, ces preuves d'une corruption interne que plus tard, en prison, il recueillerait au creux de ses mains pour les aspirer avidement. Comme si, trônant sur les émanations de son corps, il en était l'oracle inspiré[7]. »

L'isolement est propice à la rêverie, l'abandon nous invite à produire dans notre monde intime une représentation théâtrale où l'on retrouve l'objet aimé : « Nous nous sommes tant aimés. Nous aurions pu éviter la rupture avec un petit mot affectueux, une fugue amoureuse, un repas avec des amis. Nous nous serions reconquis... » Les représentations intimes modifient la manière de ressentir le réel.

Ceux qui ont été précocement isolés gardent dans leur âme la mémoire du vide. La métaphore qui donne l'image la plus explicative de leur monde est celle d'une tombe, d'une cellule, d'un cachot ou de chiottes où l'enfant évite le réel insupportable pour se laisser aller au trésor de la rêverie. Arthur Rimbaud nous raconte :

---

7. White E., *Jean Genet*, Paris, Gallimard, 1993, p. 14.

« Tout le jour il suait d'obéissance [...].
... vaincu, stupide, il était entêté
À se renfermer dans la fraîcheur des latrines :
Il pensait là, tranquille et livrant ses narines. [...]
À 7 ans, il faisait des romans, sur la vie
Du grand désert, où luit la Liberté ravie [...].
Et comme il savourait surtout les sombres choses,
Quand, dans la chambre nue aux persiennes closes,
[...] Il lisait son roman, sans cesse médité[8]. »

Pour ces enfants blessés, les mots sont des bijoux. Georges Perec, hébété par la disparition de ses parents, survivant dans un monde vide, engourdi dans un désert affectif, attend il ne sait quoi. Alors qu'il est âgé de 3 ans, au début de la Seconde Guerre mondiale, son père, Juif polonais, s'engage dans le régiment des volontaires étrangers. Il disparaît. Sa mère l'accompagne à la gare de Lyon pour l'envoyer dans un home d'enfants, à Villard-de-Lans. Elle disparaît. Ses tantes, ses cousines, sa famille, ses amis disparaissent. Sans violence, sans trauma, sans événement à mettre en mémoire, ils ne sont plus là, disparus. Rien à aimer, rien à penser, le vide autour de lui provoque le vide en lui. L'enfant est hébété jusqu'au moment où, à l'âge de 8 ans, il comprend que cette disparition est définitive, ils ne reviendront jamais. Ce n'est pas une vraie mort avec l'arrachement, la perte douloureuse d'un être aimé qui n'est plus vivant dans le réel, alors qu'il vit encore au fond de nous. On pense à lui, on aime encore un être qui n'est plus là, mais qu'on peut faire vivre dans nos

---

8. Rimbaud A., « Les poètes de sept ans », *in Lettre à Paul Demeny*, 10 juin 1871.

images et dans nos mots. Ce manque est à l'origine d'une contrainte à la création : il suffit de parler du mort, d'en faire un récit ou un scénario d'images pour conserver en nous un sentiment réel, réellement éprouvé. Le petit Georges décide alors de devenir écrivain, de façon à fabriquer avec des mots une sépulture qu'il offrira à ses parents disparus pour leur rendre leur dignité, pour ne pas laisser leur corps pourrir par terre ou partir en fumée. Il écrit *La Disparition*[9] où l'on met longtemps à découvrir que ce qui a disparu, c'est la voyelle « e » qui désigne « eux, mes parents disparus[10] ». Tout est en place maintenant. L'enfant ne pouvait pas parler de ses parents puisqu'ils avaient toujours été « disparus ». Rien à en dire. Mais dès l'instant où il raconte une disparition, il peut décrire un non-événement, ils étaient là, soudain ils ne sont plus là. Ce n'est pas vraiment une mort, mais comment faire un deuil pour des parents qui ne seront plus jamais là ?

---

9. Perec G., *La Disparition*, Paris, Gallimard, 1969.
10. Perec G., *W ou le Souvenir d'enfance*, Paris, Gallimard, 1975.

CHAPITRE 6

LA PERTE N'EST PAS LE MANQUE

La vie sans Autre est un désert, un gouffre plutôt, où l'on éprouve un vertige anxieux au risque d'y tomber. Telle est la condition de l'angoisse. On peut combattre ce vertige par l'action, la fuite qui évite de contempler l'abîme. On peut aussi remplir le vide avec des mots parlés ou des mots écrits. Le manque invite à la créativité, la perte invite à l'art, l'orphelinage invite au roman. Une vie sans actions, sans rencontres et sans chagrins ne serait qu'une existence sans plaisirs et sans rêves, un gouffre glacé.

Voici la tombe dans toute sa naïveté. Sur une pierre on a écrit : « Regrets éternels ». Une phrase, une photo, quelques fleurs fanées pour dire : « Tu vis encore en moi. » L'image et l'écriture permettent de ne pas totalement laisser mourir ceux qu'on aime encore. Ce serait une honte de poursuivre la vie comme si de rien n'était. En parlant des défunts, on leur donne une dignité qu'ils n'auraient jamais eue si on avait laissé leur corps se putréfier par terre. Une pierre sculptée, quelques mots, quelques fleurs fabriquent un petit théâtre de la mort. On honore le défunt, ce qui nous rend notre dignité : « Je ne suis pas de ceux qui laissent la putréfaction gagner le corps de celui qu'ils n'aiment déjà plus... »

La perte et le manque ne sont pas forcément associés. Quand je perds un collègue avec qui je travaillais, je dois réorganiser mon travail. C'est une perte de temps, d'efforts et d'argent, mais je n'y étais pas attaché, il ne me manque pas. En revanche, quand je dis : « Je manque de père », peut-être est-ce parce qu'il est parti, mort ou enfui ? Il peut être présent et me manquer quand même, s'il ne prend pas sa place, s'il ne s'imprègne pas au fond de moi.

Sans Autre je ne suis personne, mais avec un Autre je suis aliéné, heureux de le suivre, de l'imiter, d'apprendre ses mots et ses valeurs : bienheureuse aliénation ! J'ai acquis une langue, une croyance, une culture. Sans lui je serais vide ; avec un Autre, je deviens moi-même, aliéné par cet étranger qui s'est emparé de mon âme. J'aspire à m'attacher à une image d'homme paternel, un modèle identificatoire qui me montre la voie, me protège et qui m'aime. Quand il ne prend pas sa place, cette relation me manque : j'ai un manque de père. Je ne l'ai pas perdu, il n'a jamais été là, je ne sens pas sa présence en moi, je suis insécure, sans forces, sans direction, sans étoile du berger.

Depuis qu'il est planté en moi, « je est un autre ». J'assiste à l'éclosion de ma pensée quand je le regarde et je l'écoute. « Si le cuivre s'éveille clairon, il n'y a rien de sa faute[1]. » Sans Autre, le cuivre ne serait que matière. Pour qu'il devienne clairon, il faut qu'un artisan donne forme à sa substance, qu'un compositeur agence quelques notes, qu'un musicien leur donne vie et qu'un auditeur applaudisse. Que reste-t-il de la matière ? Le cuivre a été façonné clairon, comme l'homme a été extrait de la glèbe. Quand il n'y a pas d'Autre, il n'y a rien à regarder, rien à écouter. Je ne suis rempli que de ce que les autres ont mis en moi. Sans relations, pas de mémoire, trou de mémoire, rien à voir, rien à dire. Ce n'est que grâce à l'Autre que je deviens celui qui se regarde penser comme s'il était lui-même un autre. La conscience de soi naît dans l'altérité. L'aliénation est mon identité. Je ne pense pas, « on me pense[2] ».

Charles Juliet décide d'abandonner ses études de médecine pour se consacrer à l'écriture[3]. Volontairement, il renonce à un métier qui aurait rempli sa vie, il se met en retrait pour se contraindre à écrire. Dos au mur, il a besoin d'un manque, d'une oppression anxieuse pour remplir la page blanche. Genet lui aussi cherchait la situation qui l'obligerait à écrire. Il commettait des vols et des escroqueries tellement maladroites qu'il parvenait à se faire prendre. Alors, enfermé, il éprouvait le besoin d'écrire pour s'évader. Dans un contexte de chaleur affective, les mots, pour lui, sont sans saveur. La tombe, la prison, les égouts leur donnent une odeur. C'est dans le noir qu'on espère la lumière, c'est la nuit qu'on écrit des soleils.

1. Rimbaud A., *Lettre à Paul Demeny* dite « Lettre du voyant », 15 mai 1871.
2. Rimbaud A., *Lettre à Georges Izambard*, 13 mai 1871.
3. Juliet C., *Une lointaine lueur*, Paris, Éditions Fata Morgana, 1992.

Dans un réel désolé, le monde des mots construit une espérance. Je me souviens que, au début de mes études de médecine, j'avais dû prendre un poste de maître-nageur à la piscine d'Ermont, dans la banlieue parisienne. Dans l'animation de la journée, j'étais entraîné par l'action, par les rencontres et l'agitation autour de moi. Le soir, quand la vie s'éteignait et qu'il fallait ranger le matériel, le souci des examens à l'université m'étreignait à nouveau. J'étais étonné par ma réaction : au lieu de rentrer vite dans ma chambre pour me remettre à étudier l'austère PCB (physique, chimie, biologie), je m'isolais dans une cabine de bain et je sortais de mon sac de sport... un livre de poésie. Assis sur la planche d'une triste cabine aux murs encore mouillés, j'ai découvert Nietzsche. Quelques instants de bonheurs tristes, en visitant le monde de ce philosophe que je prenais pour un poète. Une grande part de mon plaisir venait du contraste entre l'élégance de ses mots, la beauté des images que sa pensée produisait et la boîte sordide de la cabine de bain, nue, morne et puant l'eau de Javel. Les mots de Nietzsche m'aidaient à m'évader du triste réel. Les mêmes phrases, dans un contexte confortable où la banalité des choses aurait engourdi ma conscience, n'auraient pas eu la même saveur.

C'est ainsi que je comprends pourquoi Genet se faisait emprisonner pour éprouver le bonheur de s'évader grâce aux mots et pourquoi Rimbaud ne craignait ni l'odeur des pissotières ni celle des mots obscènes. Sa vulgarité de tous les jours soulignait par contraste la beauté de ses vers. L'odeur des mots obscènes n'est pas une métaphore, c'est ainsi que Rimbaud les reniflait.

« Et dès lors, je me suis baigné dans le poème
De la mer, infusé d'astres et latescent,
Dévorant les azurs verts où, flottaison blême
Et ravie, un noyé pensif parfois descend,
Où, teignant tout à coup les bleuités, délires
Et rythmes lents sous les rutilements du jour,
Plus fortes que l'alcool, plus vastes que vos lyres,
Fermentent les rousseurs amères de l'amour[4] ! »

Pourquoi éprouve-t-on un sentiment de beauté ? Est-ce le rythme des mots, la musique des vers, la surprise des accouplements verbaux – « les azurs verts », la « flottaison blême », « les bleuités, délires », « les rousseurs amères de l'amour » ?

4. Rémy de Gourmont, Rimbaud, « un poète souvent obscur, bizarre et absurde », *Le Livre des masques*, Mercure de France, 1896, *in Arthur Rimbaud, le génial Réfractaire*, hors-série n° 33, *Le Monde*, janvier-mars 2017, p. 72-73.

CHAPITRE 7

SYNESTHÉSIES

Le poème qui illustre le mieux l'aptitude de Rimbaud à la synesthésie est « Voyelles ».

« A noir, E blanc, I rouge, U vert, O bleu : voyelles
Je dirai quelque jour vos naissances latentes
A, noir corset velu de mouches éclatantes
Qui bombinent autour de puanteurs cruelles[1]... »

L'association accouple une voyelle avec une sensorialité, une impression visuelle, sonore ou olfactive.

Chaque lecteur interprète ce poème selon l'impression qu'il ressent. L'imprécision des mots, leur halo affectif rend le lecteur auteur de ce qu'il lit. Chacun explique ce poème par la sensation qu'il ressent. Rien de rationnel, la synesthésie associe une perception sensorielle avec une représentation abstraite : un chiffre évoque une couleur, un mot libère un parfum. Sans le savoir, vous

---

1. Rimbaud A., « Voyelles », *Une saison en enfer. Illuminations*, Paris, Gallimard, 1973.

avez admiré un grand nombre de synesthètes quand, chez Duke Ellington, une note de musique fait voir une couleur, quand Marilyn Monroe mélange la teinte des légumes pour en modifier le goût, quand Nabokov, Nietzsche ou Wittgenstein enchevêtrent les sens pour mieux comprendre le récl, quand ils entendent le son d'une couleur et sont émus par la douceur d'un chiffre.

Les autistes sont accoutumés à ce genre d'expérience où un concept abstrait s'associe avec une sensorialité. Ce n'est pas forcément une maladie neurologique, c'est un entraînement à faire fonctionner différemment son cerveau pour l'adapter à un environnement particulier. « Je suis né un jour bleu[2] », affirme le synesthète pour qui sa date de naissance est moins une donnée administrative que l'évocation d'une couleur qui poétise le chiffre. Comment expliquer que le mot « piano » ait une odeur de poulet frit ? Comment une musique romantique peut-elle avoir un goût de chocolat ?

S'agit-il de l'aptitude d'un cerveau acquise grâce à une synaptisation troublée ? On trouve des synesthètes chez les enfants autistes, dans le syndrome d'Asperger où l'intelligence prend une forme stupéfiante, et chez des personnes normalement développées. Lors des premières années, le bouillonnement cérébral est intense quand chaque neurone, à chaque minute, établit 200 000 connexions synaptiques. En termes quotidiens, ce constat explique pourquoi les nourrissons peuvent apprendre toute langue, toute musique et s'adapter à des environnements variables. Leur aptitude inouïe à

---

2. Tammet D., *Je suis né un jour bleu*, Paris, J'ai lu, 2009.

l'apprentissage les empêche de voir le monde d'une manière stable puisque leurs perceptions ne cessent de changer. L'absence de circuits neurologiques fixes, leurs remaniements incessants donnent un potentiel sans limites à l'apprentissage des langues. Elles s'imprègnent dans leur cerveau lors de la période sensible de la troisième année. Dès que le cerveau de l'enfant est circuité par la langue maternelle, son monde prend une forme dessinée par ces mots. C'est à partir de ce texte de base que suivront les autres apprentissages. Les langues ultérieures devront être apprises et non plus imprégnées. La langue maternelle s'acquiert au corps à corps, les langues suivantes s'apprennent intentionnellement. Les méthodes différentes nécessitent des exercices et non plus seulement des interactions précoces.

Au bouillonnement synaptique de la période sensible de la langue maternelle (20e-30e mois) s'oppose l'élagage synaptique de la puberté[3]. La métaphore de l'élagage veut dire qu'en supprimant les branches secondaires d'un arbre on renforce son tronc. En cessant de stimuler les voies neuronales secondaires, on renforce les circuits profondément imprégnés. Le cerveau sculpté par les pressions du milieu fonctionne désormais à l'économie. La réduction des apprentissages donne la possibilité de voir le monde en un clin d'œil. La réalité qui apparaît comme une clarté soudaine prouve que notre cerveau au cours de son développement a

---

3. Bourgeois J. P., Rakic P., « Changes of synaptic density in the primary visual cortex of the macaque monkey from fetal to adult stage », *Journal of Neuroscience*, 1993, 13 (7), p. 2801-2820.

spécialisé le recrutement de quelques informations. Ce qu'il perçoit facilement est nommé « évidence », tout le reste est éliminé. La restriction sensorielle est une bonne affaire, une économie d'efforts biologiques et mentaux. C'est en renonçant à la perception de mille mondes différents que nous acquérons la possibilité de voir un monde clair.

Les autistes, les Asperger possèdent un cerveau hypersensible capable de traiter en même temps mille informations différentes. Ils n'ont pas été circuités, réduits aussi drastiquement que les « normaux » qui ne perçoivent qu'un seul monde[4]. Ils ont gardé une aptitude à la polysensorialité, à associer un effort de représentation abstraite avec une sensorialité concrète : « A, noir-velu », « piano-poulet frit » ou « Je suis né un jour bleu ».

Les enfants dont le développement cérébral a été altéré par l'appauvrissement de la niche sensorielle des premiers mois de leur existence ont mal été circuités. Leur milieu pauvre en stimulations n'a pas réduit leur fonctionnement cérébral, préservant ainsi leur aptitude associative. C'est un manque de pressions qui a préservé leur capacité d'association polysensorielle. Les circuits neuronaux moins élagués ont gardé la possibilité de mille associations, de mille expressions différentes. L'instabilité neuronale rend difficile la perception d'un monde clair, et ce processus de réduction insuffisante laisse le champ libre à la créativité. Est-ce la raison

---

4. Daléry J., « Aspects cliniques : les effets à l'adolescence », *in* J. Daléry *et al.* (dir.), *Pathologies schizophréniques*, Paris, Lavoisier, 2012.

pour laquelle Marilyn Monroe, qui a connu dans son enfance une terrible carence affective, a gardé toute sa vie un talent synesthésique[5] associant des saveurs et des couleurs comme un goût de pétale ?

Le cerveau n'est pas un récipient passif, il extrait les informations de son monde extérieur, il les traite et les agence pour en faire des représentations. Dans un même contexte de carence affective, certains enfants parviennent à se nourrir d'un minuscule indice émotionnel alors que d'autres, pour obtenir le même résultat, auront besoin de tonnes de nourritures affectives pour être rassasiés.

Genet l'emprisonné, Rimbaud le taiseux ne parviennent à créer un monde de mots que lorsqu'ils sont isolés. Eux qui ont tant besoin d'affection s'en privent volontairement pour stimuler leur créativité. Genet commet quelques larcins stupides (livres, stylos, tissus) afin de se faire emprisonner. C'est là qu'il éprouve le désir de s'évader grâce au bonheur des mots. Rimbaud ne craint ni l'odeur des latrines ni celle des mots obscènes dont la vulgarité souligne la beauté de ses vers. Le simple fait d'écrire change leur goût du monde.

5. Monroe M., *Fragments. Poèmes, écrits intimes, lettres*, Paris, Seuil, 2010.

CHAPITRE 8

TRACER DES MOTS
POUR SUPPORTER LA PERTE

Nous aussi, nous devons écrire, tracer des mots sur un papier pour supporter la perte d'un être aimé.

« Nos frères disparus sont comme nos amours
Tant que l'on n'a pas vu leur nom sur une pierre
On ne prend pas le deuil, on survit, on espère[1]... »

Dès que les mots sont gravés sur la pierre, on quitte le monde de l'espérance, celui des leurres, des faux espoirs. Il faut pactiser avec le réel : « Nos frères disparus sont comme nos amours... On ne prend pas le deuil. »

Laurent venait de perdre sa jeune femme. Il croyait que sa douleur était assoupie, enfouie sous les papiers administratifs qu'il faut remplir après un deuil. J'étais à mon bureau en train de travailler quand le téléphone a sonné : « Je n'y arrive pas... je n'y arrive pas. » J'ai

---

1. Sylvestre A., « Le pont du Nord », chanson.

reconnu sa voix, mais je ne comprenais pas pourquoi il me téléphonait pour me dire qu'il n'y arrivait pas. « Je n'y arrive pas », a-t-il répété avant de m'expliquer que, dans la pile de papiers qu'il devait remplir, il suffisait de mettre une croix dans un casier qui désignait « célibataire », « marié » ou « veuf ». Mettre une croix dans le casier qui désignait le mot « veuf », c'était accepter, officialiser la tragédie qui venait de l'accabler. Laurent n'admettait pas encore son nouveau statut, il gardait un espoir contre toute évidence, il se représentait lui-même comme un homme encore marié alors que c'était fini. Une simple croix aurait brisé son leurre, il aurait consenti à la mort de sa femme, deux traits de stylo auraient changé son monde.

Les mots parlés sont des organismes vivants qui structurent la rencontre et harmonisent les interactions. Ils sont composés de sonorités convenues, de musique, de mimiques, de gestes et de silences qui, dans l'acte de parole, placent l'objet à l'extérieur de soi. Les mots parlés s'énoncent en présence d'un auditeur qui, en retour, émet d'autres mots, d'autres mimiques, d'autres silences qui s'accordent ou s'affrontent dans une danse conversationnelle. La présence muette de celui qui écoute participe au discours de celui qui parle. Les mots écrits ont un autre destin. Le dessin des lettres, des signes et des images construit un monde de représentations qui s'adresse à un ami invisible, le lecteur, qui n'interagit pas avec l'écrivain.

Dans les deux cas, l'acte de parole (parole parlée ou parole écrite) exerce à la maîtrise d'une émotion. Christine Orban ne parvenait pas à parler de la mort de sa sœur[2] qui s'était laissée mourir quand son mari lui avait annoncé qu'il gardait les enfants dans son pays à l'étranger et qu'elle ne pourrait plus jamais les revoir. « Elle en est morte », a dit Christine qui, ne pouvant pas en parler, a éprouvé le besoin de l'écrire dans un livre[3]. Sa gorge se serrait quand un journaliste lui posait une question l'invitant à lui dire ce qu'elle avait écrit. Jusqu'au jour où, ce livre ayant été traduit, elle fut invitée aux États-Unis. Elle parle suffisamment l'anglais pour se débrouiller, mais pas assez couramment pour s'exprimer « sans réfléchir ». Et là, surprise ! Le simple fait d'avoir à chercher ses mots la rend capable de parler de la mort de sa sœur en anglais, alors qu'elle n'y parvient pas en français ! Le travail de la parole, l'élaboration l'ont aidée à maîtriser l'émotion douloureuse. Ce n'est pas l'acte de parole qui apaise, c'est le travail de la recherche des mots et des images, l'agencement des idées qui entraîne à la maîtrise des émotions[4]. Cela explique pourquoi les traumatisés peuvent écrire des poèmes, des chansons, des romans ou des essais où ils expriment leurs souffrances, alors qu'ils sont incapables d'en parler en face à face.

J'ai écrit un livre sur ma mémoire autobiographique[5]. Il ne s'agit pas d'une autobiographie, car je n'ai rien dit des personnes avec qui je vis, ni des fantasmes

---

2. Orban C., communication personnelle, « Printemps du livre », Fondation Camargo, Cassis, 21 mai 2018.
3. Orban C., *L'Âme sœur*, Paris, Albin Michel, 1998.
4. Fontenelle L. F., Oliveira-Souza R. de, Moll J., « The rise of moral emotions in neuropsychiatry », *Dialogues in Clinical Neuroscience*, 2015, 17 (4), p. 411-420.
5. Cyrulnik B., *Sauve-toi, la vie t'appelle, op. cit.*

qui connotent les événements de ma vie quotidienne. Je me souviens de la synagogue de Bordeaux, transformée en prison avec des barbelés et des soldats allemands armés. Je me souviens de mon évasion quand j'ai dévalé les escaliers. Je me souviens de l'infirmière blonde qui m'a fait signe de courir vers l'ambulance. Je me souviens que j'ai plongé sous le corps d'une dame en train de mourir.

J'ai voulu confronter ces souvenirs précis avec le réel des bâtiments, des faits et des autres témoins. Et là, surprise ! Les immenses escaliers que j'ai dévalés pour m'enfuir n'étaient que deux ou trois marches moussues. La belle infirmière blonde, Mme Descoubès, avait des cheveux noirs comme un corbeau. Et je n'ai aucun souvenir du sang dont me couvrait Mme Blanché, éventrée par les coups de crosse des soldats. C'est une enquête dans les archives qui m'a fait découvrir la date de mon arrestation, le 10 janvier 1944. Pour un enfant de 6 ans, une date n'a pas de signification, elle ne peut pas être mise en mémoire.

L'observation directe des bâtiments, des archives et le recueil d'autres témoignages m'ont raconté une enfance différente de celle qui était dans ma mémoire. Il ne s'agissait pourtant ni d'un mensonge ni d'une erreur. À partir du moment où j'ai eu l'intention d'aller chercher dans mon passé un souvenir pour en faire un récit, j'ai dû faire converger différentes sources de mémoire, celle des événements, des bâtiments, des relations et des émotions qui ont composé ce souvenir[6]. Toute

---

6. Eustache F. (dir.), *Mémoire et émotions*, Paris, Le Pommier, 2016.

construction d'un souvenir résulte de la convergence de mémoires différentes. Une représentation du passé est arrangée, vraie comme sont vraies les chimères : les pattes sont d'un lion, la tête d'un taureau et les ailes d'un aigle. Tout est vrai dans la chimère, qui est un animal imaginaire.

Jean Genet gardait dans sa mémoire la trace d'un désert affectif, celle d'un abandon, d'une solitude noire où rougeoyait comme une braise un trésor de mots. Dans son enfance morne et choyée, Genet se réchauffait dans les livres. Romain Gary, au contraire, sécurisé et dynamisé par une mère ardente, apprenait à composer des chimères flamboyantes, uniquement pour lui plaire. Dans son enfance polonaise, il y avait dans sa mémoire une niche chaleureuse, entourée par un contexte de haine, d'escroqueries et de persécutions antisémites. Il fallait sans cesse changer de maison, de pays, de langue et de nom pour se cacher. Mais dans ce monde de fiel flamboyait une mère, excessive, théâtrale, aventurière, entrepreneuse de rêves. Le monde mental de Gary n'était pas architecturé comme celui de Genet. Ce n'était pas un urinoir fétide où se cachait un trésor de mots, le monde du petit Romain alternait des bouffées de désespoir avec de merveilleuses rêveries où il réalisait les désirs de sa mère. Il deviendrait « compagnon de la Libération, ambassadeur de France, officier de la Légion d'honneur, prix Goncourt[7] ».

7. Catonné J.-M., *Romain Gary. De Wilno à la rue du Bac*, Paris, Solin-Actes Sud, 2010, p. 26.

CHAPITRE 9

LE VOL ET LA JOUISSANCE

J'ai bien connu Jean Genet, j'en ai même connu plusieurs quand, dans les années d'après-guerre, je traînais dans des institutions pour enfants mal pourvus de familles. J'ai rencontré beaucoup de Romain Gary avec qui je me sentais en affinité. Avec Roland Topor, nous rêvions à voix basse pendant des nuits entières. Entre le Sacré-Cœur et la porte Clignancourt j'ai rencontré un Jean Genet, il s'appelait « Bobosse ». Il me fascinait et m'effrayait comme un prédateur fascine sa proie. On s'étonnait de ses vols inattendus, comme ça, un objet, on ne sait pourquoi. Il aimait la bagarre, comme ça, sans dire un mot, alors qu'il écrivait des poésies et des chansons. Je l'ai revu plus tard, quand il participait à des bagarres stupides d'une extrême violence entre la bande de Clignancourt et celle du Sacré-Cœur. J'avais 20 ans quand je m'occupais d'une colonie de vacances à Saint-Benoît-du-Sault auprès du sénateur Coutrot. Dans le car qui nous emmenait, j'ai vu « Bobosse » sage et souriant, chantant avec les enfants des chansons de marin.

Il était venu là pour courtiser une monitrice, une femme rangée, éperdument amoureuse de ce voyou chanteur.

J'ai connu aussi quelques Bobosse féminines. À Stella-Plage, une colonie de la Commission centrale de l'enfance, il y en avait une qui avait fait du vol une épreuve sportive. Lors de nos achats dans une épicerie, elle volait régulièrement des boîtes de camembert. À la porte même du magasin, presque sous l'œil des épiciers et des clients, elle distribuait son butin aux passants étonnés. « Je ne peux pas m'en empêcher », disait-elle, en souriant. J'avais l'impression que ces petites transgressions stupides lui donnaient un grand plaisir. Elle ne paraissait pas anxieuse avant son passage à l'acte. Nous faisions nos achats et, en sortant, elle donnait les boîtes de camembert. C'est tout. Pas de débat, pas d'explication. Nous étions un peu gênés et puis on oubliait.

Les enfants ne volent pas, ils s'emparent d'un objet convoité, c'est différent. Ils éprouvent un sentiment d'empêchement quand la mère fronce les sourcils ou élève la voix. Le sentiment d'interdit apparaît très tôt quand un froncement de sourcils ou une simple phrase énonce la loi. Presque tous les enfants s'immobilisent, baissent la tête et ne passent pas à l'acte. Ce phénomène est étonnamment sexualisé : les garçons « transgressent » plus que les filles[1]. Ils gardent la monnaie des courses, trafiquent leur carnet de notes, font l'école buissonnière et trichent lors des matchs de football. Ils témoignent

---

1. Fonseca A. C., Damiao M. H., Rebello J. A., Oliviera S., Pinto J. M., « Que deviennent les enfants normaux ? », Université de Coïmbra, congrès de psychopathologie de l'enfant et de l'adolescent, Paris, 29 octobre 2004.

ainsi d'un désir d'indépendance, d'une sorte d'« âge du non social ». Ils éprouvent une certaine fierté à désobéir aux parents, aux professeurs, à ne pas se soumettre. Quand elles deviennent adultes, les femmes forment le bataillon des kleptomanes[2]. Ce comportement impulsif est plus proche de la boulimie que du vol. Après un bref moment de tension, le passage à l'acte les apaise, puis le moment vient des regrets et des autoreproches : « Tu as cédé à tes désirs, tu as avalé cette bouchée, tu as volé cet objet, tu devrais avoir honte d'être si faible », se répète sans cesse la jeune femme qui voudrait contrôler ses propres pulsions et celles des autres.

Pour Jean Genet, le vol prend la signification d'un plaisir de transgression : « Quand j'étais enfant, je volais mes parents nourriciers. Étais-je déjà conscient de la réprobation qui serait mon lot parce que j'étais un enfant abandonné et un homosexuel ? [...] À 10 ans, je n'éprouvais aucun remords de voler des gens que j'aimais et que je savais pauvres[3]. » Il y a dans cet acte de vol un érotisme sadique : prendre de force ou par traîtrise, dépouiller, inférioriser ceux qu'on aime. Chez les Regnier, sa famille d'accueil, on entourait l'enfant d'affection, mais le garçon volait ses parents pour se signifier à lui-même : « Vous avez beau m'aimer, vous ne m'enchaînerez pas, je ne serai jamais en dette d'amour pour vous. Surtout ne me donnez rien, j'ai peur des cadeaux, ils m'enchaînent. Je vole pour me sentir libre. »

---

2. Dayan J., « Kleptomanie », *in* D. Houzel, M. Emmanuelli, F. Moggio (dir.), *Dictionnaire de psychopathologie de l'enfant et de l'adolescent*, Paris, PUF, 2000, p. 381.
3. White E., *Jean Genet, op. cit.*, p. 40.

Un jour Jean Genet a dit : « Ici, dans le Morvan, beaucoup de gens prennent les enfants de l'Assistance pour des domestiques et les font travailler. Il faut les voler quand on en a l'occasion[4]. » Il est habituel, en effet, que les familles d'accueil touchent un pécule pour garder l'enfant et n'hésitent pas à le faire travailler dans les champs ou à l'atelier. Quand le petit découvre que ses parents touchent de l'argent pour l'élever, sa relation affective en est bouleversée. Souvent, il interprète cet argent comme une escroquerie affective : « Ils m'ont fait croire qu'ils m'aimaient, en fait, ils gagnaient leur vie, je me suis fait avoir. » D'autres enfants, au contraire, ressentent cette relation d'argent comme une libération : « Je n'ai donc pas à les aimer puisque je ne suis pour eux qu'un moyen d'obtenir un salaire. Je ne leur dois rien. Ils sont payés. Je peux les quitter quand je veux. Cet argent me libère. » Les enfants qui aspirent à un lien avec leur famille d'accueil sont déchirés par ce pécule, alors que d'autres sont soulagés de ne pas avoir à aimer les gens chez qui ils habitent.

La famille Regnier choyait ses quatre enfants, deux naturels et deux recueillis. Elle ne faisait pas travailler le petit Jean, qui les intimidait par sa distance affective et son goût pour la lecture. Ils demandaient parfois à l'enfant d'emmener la vache au pré, à quelques centaines de mètres. Ce n'était ni une exploitation ni une maltraitance, mais Genet se servait de ce souvenir pour ne pas s'attacher. La fugue était son projet.

---

4. *Ibid.*, p. 44.

« À l'école, il dérobe des fournitures scolaires [...] des plumiers, des crayons, de petites choses. [...] D'ailleurs il le cachait à peine. Tout ce qu'il prenait il le redistribuait[5]. » Genet distribuait des plumiers, des crayons avec la même désinvolture que ma Bobosse féminine donnait ses camemberts. En fait, ils ne faisaient pas de cadeaux, ils se débarrassaient d'objets volés, sans valeur ni signification. C'est l'acte de dérober qui leur procurait une petite secousse émotionnelle érotique. En prenant le risque de se faire attraper, ils soulignaient leur bonheur d'être en liberté. Les jeunes gens qui se balancent dans le vide avec un élastique autour des chevilles font de même. Après le saut, ils sont euphorisés d'être encore en vie. C'est en flirtant avec la mort qu'ils jouissent de ne pas être morts.

En 1925, Genet est âgé de 15 ans. Ses bons résultats scolaires lui ont permis de ne pas devenir valet de ferme. Il est confié à un compositeur de chansons populaires, René de Buxeuil qui, aveugle, a besoin d'un guide-secrétaire. Chez lui, Jean prend conscience de ce qui va thématiser sa vie : la littérature et la transgression. Il sort la nuit, se maquille, trouve dans la bibliothèque du musicien un exemplaire des *Fleurs du mal*, passe à l'acte comme d'habitude et, au lieu de recopier les poèmes qu'il aime, il arrache les pages du beau livre.

---

5. Témoignage de Louis Cullafroy, « Un enfant de l'Assistance, camarade de classe », *in* White E., *Jean Genet, ibid.*, p. 42.

CHAPITRE 10

LE PSEUDO, NOM QUI DÉMASQUE

L'adolescent transgresseur décide alors que, pour devenir écrivain, il faut se choisir un nom de plume. Le pseudonyme, faux nom chargé de cacher l'écrivain, le révèle, comme le choix d'un masque tendre aurait exprimé son désir de tendresse ou celui d'un terrible guerrier son plaisir à effrayer. Il choisit pour pseudonyme « Nano Florane ». Pourquoi « Nano », « nain » ? Pourquoi « Nana » au masculin ? Prénom petit, intime, diminutif grotesque ? Pourquoi Florane, lui qui vient de voler ses feuilles préférées des *Fleurs du mal,* lui qui écrira le *Miracle de la rose, Notre-Dame-des-Fleurs* et qui s'appelle « Genet », comme les arbrisseaux à fleurs jaunes.

À l'âge de 14 ans, moi aussi je rêvais de devenir écrivain. N'ayant écrit que quelques rédactions scolaires parfois bien notées (parfois), ma première décision d'auteur fut de choisir un faux nom. Ce serait Boris Aurige. Curieux, pourquoi Boris ? Parce que mon prénom, rare en France en 1950, désignait mes origines d'Europe centrale. J'en étais fier sans les connaître.

En fait, ce prénom désignait une origine lointaine et une enfance anormale. J'étais fier d'avoir survécu, d'avoir échappé à la Gestapo et à l'armée allemande. Je n'en parlais jamais. Mon silence désignait une étrangeté. Pour me socialiser, il me fallait un pseudonyme.

Pendant la guerre, j'avais dû me cacher derrière un vrai nom du Sud-Ouest : Jean Laborde. Ce nom m'avait peut-être sauvé la vie, mais il n'exprimait rien de moi. C'était un vrai faux nom, une cagoule et non pas un masque. Si j'avais dit mon vrai nom, j'aurais été dénoncé, arrêté par la Gestapo et je serais mort à Auschwitz. Pour me désigner socialement en tant qu'écrivain, il me fallait un pseudonyme, un nom pseudo, une feinte, une ruse de guerre qui, en désignant ce que j'aspirais à devenir, pourrait me socialiser sans me condamner. Je ne sais pas où j'avais entendu parler de l'*Aurige de Delphes*, une statue grecque célèbre par sa beauté virile. Ce qui m'intéressait chez ce conducteur de char, ce n'était ni sa grâce ni son élégance, c'était la mission qu'il s'était donnée de mettre sa force au service des esclaves. En choisissant le pseudonyme « Aurige », j'exprimais mon désir, mon besoin de me revaloriser en volant au secours des opprimés. L'esclavage noir m'offrait l'occasion de m'engager dans une carrière de libérateur. Être celui par qui la liberté arrive, moi qui avais été emprisonné à l'âge de 6 ans, moi qui avais été isolé dans des chambres closes, moi qui avais passé les années d'après-guerre dans des institutions carcérales.

Je rêvais de me libérer en libérant par l'écriture les esclaves africains. Mon cheminement m'a orienté vers d'autres libérations : l'ouverture des hôpitaux psychiatriques, les centres de soins gratuits, la suppression des entraves éducatives dans les écoles maternelles et les quartiers difficiles. Boris Aurige, ce faux nom venu du fond de mon histoire, aurait révélé mes vraies aspirations, mon idéal de moi se faufilant pour prendre place dans la société.

L'histoire intime donne sens au pseudonyme. Romain Gary, champion des déplacements, déracinements, changements de langue, de maison et d'identité culturelle, se disait voué à « renaître sous d'autres noms. À ne pas se contenter d'une image fût-elle héroïque, ni d'une seule œuvre signée de son "nom". Son passé fait de ruptures [...] sa personnalité théâtralisée sous des masques contradictoires... Peut-on être un grand écrivain avec un nom comme Kacew ? » Romain Gary avoue : « Je passais des heures entières à "essayer" des pseudonymes [...] à me rêver sous d'autres noms : Hubert de la Vallée, Roland Campéador, Alain Brisard, Romain Cortès et Roland de Roncevaux[1]. »

On ne se cache pas derrière un pseudonyme qui nous révèle, on ne vole pas n'importe quoi. Le choix des objets volés parle du voleur aussi clairement qu'un pseudonyme. La liste des condamnations de Genet révèle le fond de son âme : vagabondage, errance, fugue (avril 1926, juillet 1926, décembre 1927), vol de bouteilles d'apéritif (juin 1939), vol de chemises, vol de coupons de soie (octobre 1939), vol de draps (mars 1940), vol de livres (décembre 1940), vol de draps (mars 1941), vol de livres (mai 1942), vol d'un exemplaire de luxe de *Fêtes galantes* (juillet 1943), vol de livres (novembre 1943[2]).

---

1. Catonné J.-M., *Romain Gary, op. cit.*, p. 50-51.
2. Richter F., *Ces fabuleux voyous*, Paris, Hermann, 2010, p. 152-153.

Quel curieux catalogue ! Vagabondages, tissus et livres sont ses plus terribles méfaits.

Depuis la fin du XIXe siècle, l'explication de ces larcins était donnée comme une évidence : les enfants sans famille deviennent des voleurs. Oliver Twist à Londres est embrigadé dans une bande de petits voleurs avant d'être accueilli dans une famille bourgeoise. Gavroche est un enfant des rues, voyou révolutionnaire qui n'aurait pu se calmer qu'en travaillant dans une usine. *Les Misérables* de Hugo, *Pot-Bouille* de Zola, *Une vie* de Maupassant, *Sans famille* d'Hector Malot racontent les drames insoupçonnés de familles délabrées. À cette époque l'équation est claire : « Enfance abandonnée = enfance malheureuse = enfance coupable. [...] La rumeur les accuse d'être fainéants et voleurs... Il n'en est pas moins certain que ces pauvres enfants sont généralement disposés, par l'absence d'éducation dans les campagnes, à devenir des bandits[3]. »

L'ouverture d'un registre contenant quatre-vingt-seize feuillets pour l'écrou d'enfants mâles condamnés avant l'âge de 16 ans recense : Jean Alary, enfant naturel : deux ans de prison pour vol simple ; Simon dit le Petit Bâtard, 11 ans et demi : deux ans de prison pour vol d'un lapin ; Louis Jacques, enfant naturel, 13 ans, vol de bêtes à laine : cinq ans de réclusion ; Jean, enfant naturel, mendicité, en correction jusqu'à 20 ans ; Simon Chaylan, 10 ans, condamné à huit ans et demi pour vol d'objets[4].

---

3. Laplaige D., *Sans famille à Paris, op. cit.*, p. 9, p. 65, p. 67.
4. Rouanet M., *Les Enfants du bagne*, Paris, Payot-Rivages, 1994, p. 36-37.

CHAPITRE 11

UNE SCIENCE DE L'AFFECTIVITÉ

La guerre de 14-18, les guerres coloniales et les
cadences industrielles ont broyé les âmes. Les enfants
sans famille étaient « adoptés » par une tante, par
des voisins ou recueillis dans des institutions souvent
maltraitantes. Les stéréotypes culturels entraînaient
à se représenter ces enfants comme de la « graine de
potence ». On rasait la tête des garçons, on les habillait
d'une cape et d'un béret, on leur donnait des galoches
à semelles en bois qui frappaient le sol quand ils marchaient au pas, comme des détenus. On les isolait, on
ne leur parlait jamais, on les secouait, on leur donnait
des ordres brutaux, fabriquant ainsi des enfants craintifs
ou violents. Puis on expliquait que le fait de ne pas avoir
de famille rendait les enfants délinquants.

Après la Seconde Guerre mondiale, la culture a
progressé. On a cherché à comprendre quels besoins
non satisfaits avaient transformé ces enfants en petites
brutes. René Spitz et Anna Freud furent les premiers à
proposer l'idée qu'une carence en soins maternels avait

troublé le développement affectif des orphelins recueillis dans les nurseries de Hampstead après les bombardements de Londres (1940 et 1944). Ces deux psychanalystes renommés proposaient une méthode clinique pour observer, filmer et tester les comportements des nourrissons privés de mère[1]. De nombreux psychanalystes furent réticents à l'idée que l'observation d'un comportement puisse être considérée comme un symptôme de trouble psychique[2]. Mais ce qui provoqua la plus forte hostilité fut de décrire « de façon précise les désordres d'ordre psycho-toxique chez le nourrisson, désordres qui seraient liés à des difficultés émotionnelles particulières chez la mère[3] ». Ainsi parle Anna Freud, qui désigne la mère comme à l'origine des troubles de son enfant.

Par bonheur, d'autres psychanalystes furent intéressés et mon maître Serge Lebovici nous fit découvrir le travail de Spitz et le film du couple Robertson[4] où les parents filment le désespoir de leur petit garçon placé dans une crèche. Ce document, en provoquant un sentiment de méfiance envers les crèches, déclencha l'hostilité des féministes.

Après les bombardements de Londres, l'observation clinique des comportements des nourrissons isolés avait montré qu'une privation affective pouvait provoquer des troubles tels que des pleurs, des cris, une perte

1. Spitz R., *La Première Année de la vie de l'enfant*, *op. cit.* ; d'après une conférence au Congrès de psychanalyse de langue romane, Rome, 22 septembre 1953.
2. Freud A., préface, *in* R. Spitz, *La Première Année de la vie de l'enfant*, *ibid.*, p. V.
3. Freud A., *ibid.*, p. VI.
4. Bowlby J., Robertson J., *A Two-Year-Old Goes to Hospital*, film, Tavistock Clinic, 1952.

de poids, un refus de contact, un visage inexpressif, jusqu'au moment où la carence affective prolongée éteignait toute réaction émotionnelle. L'enfant devenait léthargique, couché à plat ventre, ne manifestant aucune expression de vie mentale. Mais, si « on restitue la mère à son enfant, ou si l'on réussit à trouver un substitut acceptable pour le bébé, le trouble disparaît avec une rapidité surprenante[5] », précise Spitz.

Les bombardements de Londres avaient réalisé une expérimentation tragique que les cliniciens devaient observer afin d'essayer de soigner. Mais c'est l'éthologie animale qui a expliqué l'apparition de ces troubles et leur réparation possible. Dans la bibliographie de ce petit livre de psychanalyse[6] on trouve vingt-huit références d'éthologie animale qui confirment expérimentalement qu'une carence affective altère le développement.

En 1946, John Bowlby, psychanalyste lui aussi, entre à la Tavistock Clinic, étudie l'éthologie animale et s'inspire de ces travaux pour décrire les comportements troublés des orphelins. Le choix d'un objet de science est souvent un aveu autobiographique. Bowlby, né en 1907, a été élevé comme les enfants de bourgeois anglais de cette époque. Sa mère le voyait, rituellement, une heure par jour, après le thé de l'après-midi. Elle considérait que l'affection était dangereuse, car elle rendait les enfants capricieux. À l'âge de 7 ans, le petit John fut donc placé dans une pension rigoureuse où la privation affective était la règle. Cette haine de l'affection existe encore

---

5. Spitz R., *La Première Année de la vie de l'enfant, op. cit.*, p. 117-118.
6. *Ibid.*

de nos jours où de nombreuses écoles et institutions recommandent aux enseignants et aux éducateurs de ne pas en manifester. Quand l'éthologie expérimentale démontra à quel point la carence affective constituait la défaillance d'un besoin fondamental des enfants, Bowlby put comprendre ses propres angoisses. Mais comme il baignait dans une culture qui récitait qu'un enfant sans famille devenait délinquant, il expliqua cette donnée par la carence en soins maternels[7], renforçant ainsi le préjugé : un enfant sans famille est voué à la délinquance. L'Organisation mondiale de la santé lui demanda un rapport, car les orphelins étaient nombreux après la guerre. Bowlby précisa que c'était la privation maternelle qui provoquait la délinquance[8]. Cette publication provoqua la colère de la grande anthropologue Margaret Mead, qui estimait que les enfants n'avaient pas besoin d'affection pour se développer et que ces travaux étaient destinés à légitimer l'oppression des femmes[9].

Que ce soit Bowlby, expliquant la délinquance par la carence maternelle, ou Mead, contestant l'importance de l'affectivité dans le développement des enfants, on dirait aujourd'hui que leurs conclusions ont été hâtives. Les travaux récents nous entraînent à raisonner en termes de processus graduels. L'entrée dans l'adolescence et dans la vie adulte se fait progressivement sous l'effet de

---

7. Bowlby J., *Forty-four Juvenile Thieves*, Londres, Tindall and Cox, 1946.
8. Bowlby J., *Soins maternels et santé mentale* (traduction J. Roudinesco), Organisation mondiale de la santé (OMS), 1951.
9. Mead M., « La carence maternelle du point de vue de l'anthropologie culturelle », *in* M. Mead, *La Carence des soins maternels. Réévaluation de ses effets*, Cahiers de l'OMS n° 14, 1961, p. 44-62.

pressions du milieu qui oriente et tutorise ce que l'enfant a acquis auparavant. Quand les orphelins sont sécurisés par quelques substituts affectifs, ils ne deviennent pas délinquants. Mais quand ils sont abandonnés dans un milieu inaffectif et brutal, ils ne peuvent pas apprendre à gouverner leurs pulsions, ils passent à l'acte sans réfléchir. Ce trouble est résiliable à condition que la société organise un milieu affectif et éducatif stable. Toutefois, quand après un manque ou une déchirure l'enfant a été laissé seul, la blessure est difficile à suturer[10].

Les études d'enfants suivis à SOS Villages mettent au jour le retard d'indépendance des carencés précoces[11]. Le virage de l'adolescence est difficile pour eux, ils ont des périodes de désarroi et de choix incertains puisqu'ils ont des modèles identificatoires incertains. Les filles se stabilisent en faisant des études et les garçons tentent d'accéder à l'indépendance en cherchant vite à travailler. On estime que 30 % de ces adolescents ont des comportements antisociaux et 15 % des moments d'errance, d'alcool, de drogue ou de délinquance dont ils doivent rendre compte à la justice. Ces difficultés de socialisation sont très supérieures à celles de la population générale, mais quand on prolonge l'aide relationnelle et sociale, les troubles s'amendent et les adolescents s'apaisent.

Les blessures passées ne sont pas seules à freiner l'autonomisation de l'adolescent. Le style de l'institution, la hiérarchie de ses valeurs et le contexte socioculturel

---

10. *Adolescents en France : le grand malaise*, rapport Unicef, septembre 2014.
11. Dumaret A.-C., Donati P., Crost M., « Entrée dans la vie adulte d'anciens placés au village d'enfants. Fin des prises en charge, parcours d'accès à l'autonomie », *Sociétés et jeunesses en difficulté* (en ligne), automne 2009, 8.

ralentissent aussi l'accès à l'indépendance. À l'OSE (Œuvre de secours aux enfants) où l'évolution des enfants est très favorable, la vie en couple est tardive, comme si ces jeunes avaient peur de l'affectivité dont ils ont tant besoin. Les garçons se socialisent plus tôt en ne faisant pas d'études, ce qui explique le nombre élevé d'entrepreneurs et le faible taux de chômage[12].

Les idées sont plus claires avec le recul du temps et les travaux scientifiques. Bowlby avait raison de révéler le lien entre la délinquance et la carence affective. En 1951, on disait qu'un délinquant était une mauvaise graine, on ne pensait pas qu'une défaillance culturelle pouvait empêcher la socialisation d'un adolescent. Cette croyance, en privant le jeune carencé de soutien affectif et d'aide sociale, empêchait la résilience.

Margaret Mead aussi avait raison de s'indigner de la culpabilisation des mères, mais elle n'avait pas remarqué que les travaux sur l'attachement, à la même époque, démontraient que ce qui protège le plus efficacement un enfant, c'est « un système familial à multiples attachements[13] » où la mère n'est pas seule à élever un enfant. Les travaux actuels confirment que les carencés affectifs accèdent difficilement à l'indépendance, mais quand on leur propose une relation soutenante et une aide sociale, ils finissent par devenir indépendants, un peu plus tard, c'est tout.

---

12. Josefsberg R., Doucet-Dahlgren A.-M., Lepeltier C., Duchateau L., *Souvenirs et devenir des enfants accueillis à l'OSE. Recherche-action du CREAS ETSVP et professionnels de l'OSE*, Paris, Éditions Michèle, 2018.
13. Bowlby J., « L'avènement de la psychiatrie développementale a sonné », *Devenir*, 1992, 4 (4), p. 21.

CHAPITRE 12

LES VOYOUS LITTÉRAIRES

Personne ne s'étonne de l'engouement culturel pour les voyous littéraires. Nous sommes tellement fascinés par ces marginaux talentueux que nous les incluons dans les programmes scolaires. On demande à nos enfants d'apprendre les belles poésies de l'assassin François Villon, ou d'un vulgaire trafiquant d'armes nommé Arthur Rimbaud, de Verlaine emprisonné pour coups et blessures, du voleur Jean Genet ou du mythomane Romain Gary, sans compter les films passionnants qui donnent le beau rôle à des bandits brutaux ou à des escrocs séduisants.

Comment expliquer le charme des délinquants ? Quand tout va bien, les hommes ont des bonheurs ridicules, mais quand tout va mal, ils ont des malheurs merveilleux. Je n'échappe pas à ce constat. En temps de paix, j'aime régresser dans un fauteuil profond devant une télévision, en poussant des cris d'indignation ou d'enthousiasme devant un match de rugby. D'autres préfèrent pousser des cris dans la rue en buvant de la bière et en hurlant les premiers mots d'une chanson, mais quand un attentat nous bouleverse, nous avons besoin d'admirer un héros qui affronte l'adversité. Le gendarme Arnaud Beltrame est beau quand il se sacrifie pour sauver une femme enceinte, sa mort nous remonte le moral. Quel panache ! Nous sommes réconfortés par cette belle histoire qui nous sauve de l'engourdissement. Ce gendarme, en mourant glorieusement, nous libère de l'accablement provoqué par les assassinats stupides, infligés par des terroristes incultes, perroquets fanatisés qui tuent en poussant des onomatopées prétendument religieuses.

Les voyous littéraires, avec leurs jolis mots et leurs histoires tragiques, métamorphosent l'horreur. Ils la transforment en beauté quand ils déposent des pépites verbales dans la fange du réel. Cette force contraint les prisonniers à tracer des mots sur les murs de leur geôle. Un morceau de savon dans une salle de bains sert à se laver, mais dans une prison il est souvent sculpté pour représenter… un homme dans une cage[1] ! Les bagnards tressaient la paille pour en faire de jolis coffrets pour dame, ils sculptaient les coquillages et peignaient sur les cailloux. Dans les camps de déportation une goutte de parfum sur un corps décharné permettait de le rendre à nouveau humain, un acte de résistance en quelque sorte. « Vous ne parviendrez pas à me déshumaniser », disait cette goutte de parfum dans un monde empuanti par les corps brûlés[2].

---

1. Bouvier P., CICR-Croix-Rouge Genève, IVe Congrès sur la résilience, Marseille, palais du Pharo, 29 juin 2018.
2. Veil S., *Une vie*, Paris, Stock, 2017.

Un morceau de pain en temps de paix n'est pas un plat culinaire, mais dans un contexte de famine, il prend une valeur de survie :

« Ce n'était rien qu'un bout de pain
Mais il m'avait chauffé le corps
Et dans mon âme il brûle encore
À la manière d'un grand festin[3]... »

Dans la catégorie des voyous littéraires, Jean Genet est bien placé aux côtés de François Villon, Arthur Rimbaud et Paul Verlaine. Au bataillon des vauriens poétiques on peut opposer le régiment des enfants sages dont Ronsard (1545) est le porte-parole :

« Mignonne, allons voir si la rose
Qui ce matin avait desclose
Sa robe de pourpre au soleil,
A point perdu cette vesprée
Les plis de sa robe pourprée,
Et son teint au vôtre pareil... »

Pour affronter la « marastre Nature [qui] fera ternir votre beauté » Ronsard suggère de vite profiter d'une relation sexuelle tant qu'il est encore temps. À l'eau tiède des gens bien élevés s'oppose l'alcool fort des poètes bagarreurs ? Le charme des mauvais garçons crée un événement : vivre enfin ! La déchéance des corps, l'empoisonnement des âmes devient sujet de poésie.

---

3. Brassens G., « Chanson pour l'Auvergnat ».

« Frères humains qui après nous vivez
N'ayez les cœurs contre nous endurcis
[...] Quant à la chair que nous avons trop nourrie,
Elle est à présent dévorée et pourrie.
Et nous, les os, devenons cendre et poussière.
De notre mal, personne ne s'en rie[4]. »

Quand Léo Ferré avec sa gueule de voyou de
charme chante « La ballade des pendus », il est difficile de ne pas être ému. Villon, orphelin devenu clerc
et poète, nous trouble avec sa malédiction. Après un
départ difficile dans la vie, il est recueilli, choyé, élevé
avec douceur, comme l'ont été Sade et Genet. Mais
son foyer n'est qu'un havre de paix dans le contexte
de la guerre de Cent Ans. La mort fréquente et la
misère quotidienne valorisent la brutalité. Les étudiants
chahuteurs aiment se bagarrer avec les gens d'armes,
l'État ferme les universités, les professeurs se mettent
en grève et François Villon au cours d'une rixe tue le
prêtre Philippe Sermoise. Il s'enfuit, se cache, mais il
est rattrapé et condamné pour « homicide de chaude
mêlée ». Incarcéré au Châtelet, il en profite pour écrire
la « Ballade des pendus ».
    Toutes ses ballades, poèmes à chanter et à danser ne
parlent que de bannis, ces forts bannis, ces forbans chassés de la société : « Ballade aux filles de joie », « Ballade
de la grosse Margot » (peut-être prostituée par François
Villon), « Ballade des dames du temps jadis »... Villon
rejoint les compagnons de la Coquille où il apprend à

---

4. Villon F., « Ballade des pendus » (1489), *Le Grand Testament*, Paris, FB
Éditions, 2015.

voler et à jouer la comédie. Les coquillards forment des bandes tellement agressives qu'ils sont poursuivis par la maréchaussée. « Plusieurs d'entre eux sont attrapés, passés à la question et torturés, avant qu'ils n'avouent et ne soient bouillis ou pendus[5]. »

Villon, emprisonné, écrit sur les murs, souffre de tuberculose et de malnutrition.

> « Peu m'a d'une petite miche
> Et de froide eau tout un esté... »
> « Sinon aux traîtres chiens mâtins
> Qui m'ont fait ronger dures crottes[6]. »

Curieux destin que celui des poètes voués à la misère et aux grandes souffrances. Après leur mort, pendant des siècles ils embellissent l'âme des écoliers.

Le petit Sade Donatien, né en 1740, a eu une enfance confortable et inaffective. Il admirait son père, noble provençal qui avait chassé sa femme pour vivre avec des prostituées. Il fut confié à son oncle, l'abbé de Sade, qui vivait près d'Avignon au château de Saumane. Ce prêtre avait, lui aussi, une sexualité libertine, sans Dieu ni loi, uniquement gouvernée par le plaisir immédiat : « La vie sexuelle du sadique ne peut s'exercer qu'à la condition que l'autre apparaisse comme privé, châtré de sa puissance naturelle. Aucun geste naturel ne sera toléré chez l'objet[7]. » Peut-on parler de relations

---

5. Richter F., *Ces fabuleux voyous, op. cit.*, p. 28.
6. Cité *in* Richter F., *ibid.*, p. 34.
7. Mendel G., « Sade et le sadisme », *in La Révolte contre le père*, Paris, Petite bibliothèque Payot, 1966, p. 106.

sexuelles quand il s'agit plutôt d'interactions de génitoires ? L'acte est mécanique, comme celui d'un tromblon, sorte d'arme à feu ou d'instrument de musique
coulissant. Un tel style sexuel laisse une totale liberté
au sadique, qui ne s'attache pas et n'accorde aucune
liberté à l'objet de son désir, qui doit passivement se
laisser tromblonner... « Nous ne devons absolument
rien à nos mères, elles n'ont fait d'ailleurs que se prêter
dans l'acte[8]. »

Certains enfants se développent ainsi, dans un
milieu familial dépourvu d'altérité où seul compte le
plaisir : « Les créatures naissent isolées et sans aucun
besoin les unes des autres[9]. » Le développement de
l'empathie, cette aptitude à se décentrer de soi pour
se représenter le monde des autres, dépend des pressions du milieu. Quand un enfant est isolé, privé de
la présence affectante d'un autre, comment voulez-
vous qu'il apprenne l'empathie ? Il ne répond qu'aux
stimulations venues d'un monde où il est seul. Que
ces enfants soient isolés dans un milieu misérable ou
luxueux, le développement de leur empathie s'arrête
puisqu'il n'y a pas d'altérité à visiter. Quand arrive la
pulsion sexuelle, le jeune n'a pas appris à s'orienter vers
une autre personne, avec d'autres émotions et un autre
monde mental. Aucun lien d'attachement ne peut se
tisser, l'adolescent ne sait répondre qu'à ce qui vient
de lui-même. « La nature, notre mère à tous, ne nous

---

8. Sade D., *La Philosophie dans le boudoir* (1795), Paris, Gallimard, « Folio »,
1996, p. 64.
9. Sade D., *Histoire de Juliette ou les Prospérités du vice* (1801), Paris, Humanis,
2015.

parle jamais que de nous [...] et [rien n'est plus clair pour nous] que l'immuable et saint conseil qu'elle nous donne de nous délecter, n'importe aux dépens de qui que ce soit [...]. La cruauté, bien loin d'être un vice, est le premier sentiment qu'imprime en nous la nature[10]. »

Puisque les pervers jouissent plus de la mise en scène que de l'acte sexuel, le théâtre devient le lieu adéquat pour exprimer leur monde. L'autre est un pantin porte-parole, un adulte consentant. Chacun des actes sexuels doit se dérouler selon un scénario immuable où le consentant ligoté est fouetté et gamahuché, soumis aux actes sexuels et aux instructions du sadique. C'est ainsi que le pervers s'approprie tous les orifices du corps et de l'âme de l'Autre. Pas de réciprocité dans un tel acte, pas d'échange, pas de partage, pas d'attachement. Un tromblon suffit pour pénétrer l'Autre avec un pénis, un objet ou avec quelques mots.

S'il n'avait pas connu la prison, François Villon n'aurait été qu'un clerc. Sans la Bastille et l'asile de Charenton, Sade n'aurait été qu'un libertin. En l'absence d'un centre de rééducation pour enfants perdus, Jean Genet serait devenu un typographe intelligent, un bonnet de nuit existentiel. Grâce à leurs crimes et à leur délinquance, ces hommes carencés ont été contraints par l'enfermement à s'évader par la littérature.

Sade méprise la cour royale et ne s'y soumet pas. Il méprise aussi les paysans de Lacoste, sa maison dans la campagne d'Aix-en-Provence où il invite des prostituées et quelques jeunes garçons. Quand il est emprisonné

---

10. Sade D., *La Philosophie dans le boudoir*, *op. cit.*, p. 129-130.

dans le donjon de Vincennes, puis à la Bastille, les conditions de vie sont épouvantables : « La cellule est humide, sans fenêtre et sans feu ouvert. [...] Petit à petit, on lui permettra de commander ses repas, de disposer de papier, de plumes et de nombreux livres, [...] environ six cents ouvrages[11]. » Dans cet enfer de pierre, l'écriture devient sa seule échappatoire. Quand Sade est libre, chez lui, c'est un râleur persécuté. Mais dès qu'il est enfermé, il s'enfuit dans l'écriture : « Pendant onze années de captivité [...] agonise en homme, naît un écrivain[12]. » Le 4 juillet 1789, quelques jours avant la Révolution, Sade est transféré chez les religieuses de Charenton. Puisqu'il est libertin, c'est la preuve qu'il est fou. Puisqu'il pratique la sodomie, il mérite la mort. Il blasphème quand il dit que Dieu a tué plus d'êtres humains que l'inceste, qui « devrait être la loi de tout gouvernement[13] ». Cette conception sadique des relations humaines thématise d'innombrables livres, films et pièces de théâtre.

Dans cette famille de pensée, Jean Genet tient sa place d'enfant abandonné qui devient un adulte fasciné par le mal. Une explication fast-food est habituelle : si Genet aime le mal, c'est qu'on a été méchant avec lui. S'il est désocialisé, c'est parce qu'« il n'a connu la société que pour en être chassé[14] ». Ce raisonnement donne une impression logique comme une image d'Épinal : « Dès sa naissance il est le mal-aimé, l'inopportun,

11. Richter F., *Ces fabuleux voyous*, op. cit., p. 71-72.
12. Beauvoir S. de, *Faut-il brûler Sade ?*, Paris, Gallimard, 1955, p. 24.
13. Pauvert J.-J., *Osons le dire. Sade*, Paris, Les Belles Lettres, 1992, p. 126.
14. Perrier J.-C., « Genet enfin pléiadisé », *Livres Hebdo*, 2002, 488, p. 24.

le surnuméraire. [...] Il n'est pas le fils de cette femme :
il en est l'excrément[15]. » Phrases chocs, comme un
slogan publicitaire qui empêche de comprendre le
charme vénéneux du jeune délinquant. Si l'enfant vole
de la nourriture, c'est pour « posséder quelque chose :
n'eussiez-vous qu'une miette tombée de la table, votre
vie se passera à défendre cette miette[16] ».

Si nous étions des êtres logiques, c'est ainsi que
nous penserions, mais comme nous sommes des êtres
psychologiques, nos représentations sont bigarrées.
« J'étais heureux en enfer », dit Genet quand il raconte
son emprisonnement. « J'ai pris le train sans billet...
J'ai été condamné à trois mois de prison et à la colonie pénitentiaire de Mettray jusqu'à 20 ans[17]. » Ailleurs
il ajoute : « J'avais 16 ans, j'étais seul au monde, la
Colonie était mon univers. [...] Ce sentiment était
peut-être fait de mon abandon, de ma détresse et, en
même temps, de mon bonheur d'être là[18]. »

15. Sartre J.-P., *Saint Genet. Comédien et martyr*, in *Œuvres complètes de Jean Genet*, I, Paris, Gallimard, 1952, p. 16.
16. *Ibid.*, p. 23.
17. Genet J., *L'Ennemi déclaré*, Paris, Gallimard, 1991, p. 298.
18. Genet J., *Miracle de la rose*, Paris, Gallimard, « L'arbalette », 1946, p. 372.

CHAPITRE 13

L'EMPREINTE DU PASSÉ
DONNE UN GOÛT AU PRÉSENT

Je peux comprendre cette bigarrure mentale. Au début de mes études à Paris, j'habitais une minuscule chambre sous les toits au 42, rue de Rochechouart, entre Pigalle et Barbès : sept mètres carrés, une table en bois blanc, un petit lit, un trou au plafond qui laissait pénétrer le froid, pas d'eau ni de chauffage. Les études m'ennuyaient, mes résultats étaient mauvais. Quand je ne pouvais plus m'acheter de quoi manger, j'allais chercher de l'eau sur le palier, je faisais fondre dedans un carré de bouillon KUB[1] et j'y trempais le morceau de pain que j'avais pu économiser. Solitude sordide, désespoir. Et pourtant non, pas désespoir. Au contraire même, refuge dans une rêverie merveilleuse, mise en valeur par le contraste avec le réel poisseux : un jour, je serais médecin, je pratiquerais un métier tellement utile que tout le monde m'accepterait, moi, à peine sorti des

---

1. Bouillon KUB : ingrédient de substances qui rehaussent le goût et donnent aux plats un parfum de bouillon de volaille.

poubelles de la guerre, pataugeant encore dans la boue des cimetières sans sépultures.

Si aujourd'hui je revenais dans ce cagibi délabré, j'éprouverais certainement un sentiment de tendresse. C'est là que j'ai souffert, seul, mal nourri, mal vêtu, mort d'ennui, et plein de rêves merveilleux.

Je me souviens d'une patiente qui avait subi une enfance malheureuse dans une institution religieuse où les rapports n'étaient faits que de violence et de mépris. Cette femme me disait : « Je me demande pourquoi j'aime les mauvaises soupes, celles qu'on me donnait dans mon enfance au Bon Pasteur. » Son mari et ses enfants interloqués avaient du mal à comprendre que, pour elle, la mauvaise soupe signifiait qu'elle avait triomphé du malheur. Malgré son départ douloureux dans la vie, elle avait gagné un gentil mari, deux garçons sympathiques et un beau logement dans une cité convenable. Le mauvais goût de la soupe provoquait une représentation qui la rendait heureuse. Contresens affectueux entre elle et ses proches qui, n'ayant pas connu la même histoire, auraient préféré une bonne soupe.

La grande Simone Veil, invitée à poser une première pierre, manie la truelle et tasse le ciment comme une maçonne. Quand un officiel s'étonne de son habileté, Simone la ministre, avec son beau tailleur Chanel, répond en souriant : « J'ai appris à faire ça pendant ma déportation. » Au moment où elle a prononcé cette phrase, en évoquant Auschwitz, Simone a certainement ressenti le bonheur de la liberté et peut-être aussi le plaisir d'épater un homme bien élevé.

Il ne s'agit pas d'érotiser la souffrance. Bien au contraire, le souvenir de la souffrance passée érotise l'espoir, parce que pour espérer, il faut être en manque. Quand on est gavé, ce qu'on espère, c'est l'arrêt de l'engorgement. Le manque aiguillonne le plaisir de vivre, c'est dans le noir qu'on espère la lumière, sous la pluie on attend le soleil, en prison on rêve de liberté. « Écrire pour sortir de prison ou pour oublier qu'on n'a pas de famille », dit Tahar Ben Jelloun[2]. Que voulez-vous écrire quand on est aimé par de braves gens, quand on se routinise à l'école, quand on gagne sa vie avec un petit boulot et quand on est banalement hétérosexuel ? Rien ! Rien à dire, rien à écrire. Normal, quoi. Rien.

La discordance entre le réel objectif et la représentation de ce réel dans notre monde intime s'explique par un phénomène de mémoire. Lorsqu'un être vivant baigne dans un monde, son système nerveux extrait quelques informations qui marquent la première empreinte mnésique. Au cours de son développement, lorsque l'organisme perçoit un ensemble sensoriel de même forme, il éprouve un sentiment de familiarité qui le sécurise. Désormais le jeune s'oriente vers cet objet qui prend un effet d'attachement[3]. Tout objet non imprégné dans la mémoire, non familier, déclenche un sentiment d'étrangeté qui inhibe l'attraction. Le monde devient ainsi catégorisé entre objets familiers

2. Ben Jelloun T., *Jean Genet, menteur sublime*, Paris, Gallimard, « Folio », 2010, p. 83.
3. Bowlby J., *The Making and Breaking of Affectional Bonds*, Londres, Institut Tavistock, 1979.

vers lesquels s'oriente le sujet et objets inconnus qui pétrifient ses comportements ou provoquent sa fuite.

Lorsqu'un jeune a été imprégné par un objet familier, il a mis en mémoire un attachement sécure qui lui donne la force et le plaisir de découvrir le monde des choses et le monde des Autres. Il peut donc se développer parce qu'il a appris à chercher protection en cas d'alerte. Ce n'est qu'une fois sécurisé qu'il tente d'établir de nouvelles relations avec des inconnus[4]. Quand la niche sensorielle qui enveloppe un jeune a été altérée ou appauvrie par un malheur de l'existence, l'organisme n'acquiert pas d'empreinte sécurisante. Ce qui se marque dans sa mémoire, c'est une trace insécurisante. Quand surviendra inévitablement un événement nouveau, le jeune répondra à l'empreinte insécurisante tracée dans sa mémoire, bien plus qu'à l'objet lui-même.

C'est ainsi que se comportent la plupart des enfants maltraités. Ayant acquis une empreinte insécurisante, ils évitent les relations qui, pour eux, font l'effet d'une agression. Quand ils entrent dans un groupe, à la maternelle ou avec d'autres adultes, au lieu d'interagir pour les rencontrer, jouer et apprendre, ils évitent tout contact. Ils se sentent soulagés en se tenant à distance, car ils se dispensent ainsi du stress de la rencontre. Mais, par cette adaptation comportementale, ils organisent un style relationnel non socialisant. Ils découragent la protection et aggravent l'isolement qui les a altérés.

---

4. Thomson R. A., « Early attachment and later development », *in* J. Cassidy, P. R. Shaver (dir.), *Handbook of Attachment. Theory, Research and Clinical Application*, New York, The Guilford Press, 1999, p. 267.

Un enfant qui se représente lui-même comme ne méritant pas de soins n'obtiendra pas les soins dont il a besoin. En s'adaptant à un sentiment de soi « sans valeur[5] », il confirme son « soi sans valeur », et le dévalorise encore plus : « Je me suis voulu traître, voleur, pillard, délateur, haineux, destructeur, méprisant, lâche. À coups de hache et de cris, je coupais les cordes qui me retenaient au monde de l'habituelle morale [...]. Monstrueusement je m'éloignais de vous[6]... »

La mémoire de l'abandon met en attente d'un futur abandon[7]. Un enfant qui a été maltraité s'attend à être maltraité puisque la représentation de soi inscrite dans sa mémoire est un scénario qui met en scène : « Moi, on me bat. » Le modèle interne opératoire (MIO), le programme du soi à réaliser, devient un nouvel organisateur du moi[8]. C'est probablement ce qui explique l'étonnant phénomène de la revictimisation des femmes violées. L'agression sexuelle, émotionnellement insupportable, inscrit le traumatisme comme une empreinte dans leur mémoire. Quand la femme est laissée seule, non soutenue, elle pense sans cesse à l'agression, renforçant ainsi la mémoire traumatique

---

5. Thomson R. A., « Early socio personality development », *in* W. Damon, N. Eisenberg (dir.), *Handbook of Child Psychology, Social Emotional and Personality Development*, vol. 3, New York, Willey, 1998, p. 25-104.

6. Genet J., *Pompes funèbres, in Œuvres complètes*, tome III, Paris, Gallimard, 1953, p. 128.

7. Zeanah C. H., Anders T. F., « Subjectivity in parent-infant relationships : A discussion of internal working models », *Infant Mental Health Journal*, 1987, 3, p. 237-250.

8. Bretherton I., Munholland K. A., « Internal working models in attachment relationships », *in* J. Cassidy, P. R. Shaver (dir.), *Handbook of Attachment, op. cit.*, p. 89-110.

qui prend la forme d'un script : « Moi, on me viole et personne ne m'aide. » Elle s'adapte à cette représentation qu'elle se fait d'elle-même, et se résigne, ce qui explique pourquoi les femmes violées ont un risque de nouveau viol supérieur à la population générale[9]. Cette donnée permet d'affirmer que le meilleur facteur prédictif de résilience, c'est la repersonnalisation du blessé : « Qu'est-ce que vous pensez, vous, de ce qui vous est arrivé ? Expliquez-le, écrivez-le, cherchez à comprendre, engagez-vous dans une association, agissez : vous reprendrez ainsi possession de votre monde intime délabré par l'agression. »

Il était une fois un petit garçon qui voulait commander à la nature. Les nuages voguaient vers l'ouest, alors, pour prouver son autorité, l'enfant ordonna : « Nuages, allez vers l'est ! » Aucun nuage ne changea de direction. Donc l'enfant exigea : « Puisque c'est comme ça, nuages, allez vers l'ouest ! » et tout le monde put constater que les nuages avaient obéi...

« Un homme, au lieu de subir, revendique ce qui lui est donné », écrit Genet, commandant aux nuages et obéissant aux théories de Sartre. Fasciné par la fange, il érotise le mal et parvient à se convaincre que c'est lui qui a décidé, en toute liberté, de voler au secours des persécutés. Vous remarquerez que les persécutés aimés par Genet sont tous des groupes armés : Algériens du FLN, miliciens nazis, Panthères noires américaines, bande à Baader allemande, secte japonaise et surtout Palestiniens. Les combattants, écrasés par l'armée des

---

9. Coutanceau R., *Les Blessures de l'intimité*, Paris, Odile Jacob, 2014.

Normaux, terrorisent les vainqueurs grâce à leurs attentats. Genet aurait aimé s'engager chez les miliciens
collaborateurs[10], comme il a aimé être le seul Blanc
parmi les Black Panthers, et comme il a été bouleversé
en côtoyant de jeunes Palestiniens survivants des mas-
sacres de l'armée jordanienne en 1970. Ces scénarios
où de beaux garçons armés sont chassés de la société
trouble Genet jusqu'à l'érotisme. Il ne s'intéresse pas
aux théories nazies, communistes ou maoïstes, ni à la
gauche cul-cul qui s'enthousiasme pour les dictatures
djihadistes ou maoïstes. Ce qui l'émeut sexuellement,
c'est l'image d'un beau garçon persécuté qui prend les
armes pour terroriser son dominateur : « On le fuit. Il
est seul. Son apparente malédiction va lui permettre
toutes les audaces[11]. »

Se retrouver dos au mur contraint à l'agression.
Se faire emprisonner fait rêver d'évasion. Être chassé
de la société encourage la violence. La seule liberté de
Jean Genet consiste à se faire priver de liberté afin de
légitimer son goût pour la profanation.

---

10. White E., *Jean Genet, op. cit.*, p. 253.
11. Genet J., *Le Funambule, in Œuvres complètes*, tome V, Paris, Gallimard, 1979,
p. 16-17.

CHAPITRE 14

LA MORT DONNE SENS À LA VIE

Quand un malheur nous déchire, la souffrance est extrême. La vie psychique sidérée ne reprend pas son cours. Le cerveau, commotionné par l'émotion, ne peut plus traiter les informations. L'imagerie cérébrale montre qu'il consomme tout juste assez d'énergie pour ne pas être totalement éteint. Les couleurs de l'agonie psychique sont bleues, vertes ou grises. Mais lorsque la vie revient, le métabolisme reprend, les neurones dégagent à nouveau de la chaleur et les couleurs de la vie redeviennent incandescentes, rouges, orange ou jaunes[1]. Le cerveau redevient capable de percevoir le monde et de lui donner forme. Est-ce suffisant pour donner sens ?

L'esprit a horreur du vide, il ne sait pas faire une représentation de rien. Dès qu'il y a un trou, un manque ou une perte, le monde mental se remplit d'hypothèses, de pistes de recherche, de romans farfelus. Et quand

---

1. Martinot J.-L., Paillère-Martinot M.-L., « Neuroimaging and depression », *LEN Medical*, 2007, p. 9-16.

la créativité ne comble pas ce vide, nous éprouvons l'angoisse d'un monde dépeuplé : « Que la vie perde ainsi tout sens est une souffrance sans égale, un sentiment d'anéantissement [...]. Au vrai, quand il me semblait que le dernier reste de mon existence perdue était en jeu [...], je découvrais en moi la toute-puissance du désespoir. Il me semblait déjà qu'un monde allait se faire en moi[2]. »

Quand un enfant est longtemps laissé seul, son cerveau finit par s'éteindre, sa vie psychique ne se remplit plus d'images ou de rêveries pour donner forme à ses désirs. Pas de souvenirs, pas de cris, pas de protestation, pas même de désespoir. Rien à perdre, rien à rêver. Rien. L'enfant prostré n'attend plus rien[3].

Dans la même situation, une personne âgée s'éteint, elle aussi : « Vieillir, c'est voir disparaître les uns après les autres les êtres qui nous sont chers. Le vécu d'abandon est à fleur de peau. Favorisé par l'isolement [...], il fait resurgir l'angoisse de séparation qui est au cœur de chacun de nous[4]. »

Pour ne pas glisser dans le monde du Rien, nous devons utiliser ce qui vit encore en nous, aller chercher dans le passé quelques souvenirs afin de les partager. La vie mentale, alors réveillée, remplit à nouveau le monde du dedans pour établir de nouvelles relations. Quand le cerveau est déficitaire à cause du grand âge ou d'une maladie, il n'est plus capable d'aller chercher

---

2. Hölderlin F., *Hypérion*, Paris, Flammarion, 2005.
3. Spitz R., *La Première Année de la vie de l'enfant*, op. cit., p. 116-120.
4. Kagan Y., Pellerin J., « Grand âge, âgisme et résilience », *in* L. Ploton, B. Cyrulnik (dir.), *Résilience et personnes âgées*, Paris, Odile Jacob, 2014, p. 245.

des souvenirs. Dans ce cas, si la famille et la société ne proposent pas une alternative, c'est *Nihil*, le monde du Rien qui s'installe[5]. L'âme n'est plus vivante dans un corps déjà mort. Une « ré-animation » psychique est encore possible à condition de « re-créer » : « Des matériaux actuels se combinent aux anciens, des résonances diverses s'organisent, des phénomènes d'amorçage permettent à des aspects conservés en mémoire implicite de venir s'agencer avec de nouveaux schémas[6]. » Cela pourrait être une définition de la résilience des âgés.

Seul Dieu est créateur puisqu'il engendre à partir de rien. Les enfants bien élevés peuvent remanier ce qu'on leur a donné, ils sont innovateurs plutôt que créateurs. Les orphelins, eux, doivent « re-créer » à partir de la perte, pour ne pas sombrer dans le néant.

La conscience naît de la différence. Quand une information est toujours la même, elle finit par provoquer un engourdissement. Quand deux informations s'opposent, elles provoquent une tension, un conflit hyperconscient. Dans un univers où la mort n'existerait pas, le concept d'existence ne viendrait pas en tête. Pour sentir le bonheur de vivre, il faut qu'il y ait autre chose que le bonheur : le malheur peut-être ? La perte du bonheur ? Pour remplir le vide de la privation, il faut mettre à la place du bonheur disparu une représentation qui, en évoquant le Paradis perdu, nous comble de joie et donne sens à l'existence. Est-ce la raison pour laquelle

---

5. Russ J., *Le Tragique Créateur. Qui a peur du nihilisme ?*, Paris, Armand Colin, 1998.
6. Lejeune P., Delage M., *La Mémoire sans souvenir*, *op. cit.*, p. 233.

nous aimons tant aller au cinéma pour assister à des tragédies et adorons les romans où le héros triomphe d'épreuves épouvantables ? Il faut souligner qu'une représentation donne un bonheur durable et reproductible, alors qu'une perception, comme une drogue, déclenche un intense plaisir qui, dès qu'il s'éteint, provoque un manque douloureux.

Si nous étions immortels nous ne connaîtrions que la fatigue de vivre, nous n'aurions jamais le plaisir de renaître, de revenir à la vie. Si nous étions constamment repus, nous ne ressentirions jamais le plaisir de l'appétit. Il n'y aurait pire souffrance que l'absence de souffrance.

Mais puisque nous avons la chance de connaître le malheur, nous sommes contraints de chercher ceux qui nous apaisent, nous donnant ainsi le bonheur de les aimer. Sans souffrance, nous n'aurions besoin de personne. Sans manque, nous n'aurions rien à créer. Sans rêves, nous serions inertes. Notre existence ne serait qu'un vide, un non-sens pire que la douleur.

C'est pourquoi la mélancolie est au cœur de la condition humaine. Elle s'installe dans le monde mental d'un enfant privé d'altérité ; dans son corps abattu, son âme devient noire. Il n'y voit rien, aucun rêve ne l'éclaire, aucune rencontre ne le stimule. Comment songer à la victoire quand il n'y a rien à gagner ? Comment se mettre en route dans un monde sans projet ?

Quand Freud a découvert que le monde du dedans n'était pas gouverné par le mauvais œil ou le péché, mais par des conflits inconscients, il a marqué notre culture. Quand Viktor Frankl, à Auschwitz, suit son propre cadavre en déambulant derrière lui, il se regarde mourir avec un étrange détachement, une sorte de curiosité. Cette expérience, aux portes de la mort, s'imprègne au fond de lui et le pousse à chercher quel peut être le sens d'une si terrible connaissance. Ayant survécu, il découvre que seule la « volonté de sens » a pu lui réapprendre à vivre[7]. En observant un arbre, une tremblante émotion est revenue en lui parce que la courbe du tronc évoquait le souvenir d'une époque où il éprouvait encore le plaisir de vivre. Germaine Tillion à Ravensbrück préfère mourir tant elle souffre, mais quand elle sort pour mettre fin à sa vie, elle est surprise par la beauté du bleu du ciel glacé qui déclenche un flash de bonheur. Elle rentre alors dans son baraquement pour rejoindre ses codétenues. « Celui qui a un "pourquoi" peut supporter n'importe quel "comment"[8]. » Le pourquoi de la souffrance est à l'origine d'un grand nombre de motivations pour la philosophie, la médecine, la psychologie, la poésie et bien d'autres productions artistiques. La rage de comprendre est un acte de résistance qui mène au plaisir de comprendre.

Quand la vie ne revient pas, on dit que c'est un désastre, une étoile vient de s'éteindre. Mais quand la vie reprend après un événement déchirant, un autre équilibre se met en place qu'on appelle résilience.

J'aurais beaucoup aimé rencontrer Viktor Frankl. Il est né à Vienne en 1905, dans un contexte où la notion d'inconscient baignait la culture autrichienne,

---

7. Frankl V., *Découvrir un sens à sa vie*, Montréal, Les Éditions de l'Homme, 1993.
8. Allport G. W., « Préface », *in* V. Frankl, *Découvrir un sens à sa vie, ibid.*, p. 10.

bien avant la psychanalyse. À l'âge de 15 ans, il correspond avec Freud, puis il fréquente le cercle d'Alfred Adler avec lequel il ne se sent pas en accord. Son savoir s'enracine sur sa pratique bien plus que dans les réunions d'intellectuels. C'est en praticien, les pieds sur terre, en paysan si vous préférez, qu'il devient chirurgien, puis neurologue, puis psychiatre, puis philosophe. Pendant la guerre, il refuse d'obéir aux ordres des nazis qui exigent l'euthanasie des malades mentaux. En 1942, il est arrêté avec toute sa famille et découvre l'horreur d'Auschwitz. Comme c'est un « penseur de terrain », il constate que les hommes forts, les costauds, ceux qui en temps de paix prennent le pouvoir sont ceux qui, à Auschwitz, tombent les premiers. Les chétifs qui ne s'imposent pas dans la vie sociale résistent beaucoup mieux. Ils affrontent l'horreur du réel parce qu'ils ont une vie intérieure, parfois même une poésie, une aptitude à donner sens à l'incohérence : « Face à l'absurde, les plus fragiles avaient développé une vie intérieure qui leur laissait une place pour garder l'espoir et questionner le sens[9]. » Ce phénomène est régulièrement constaté quand les hommes doivent vivre dans des conditions extrêmes. Plus forte que la force physique, la force mentale organise la résistance à l'épreuve et la reprise d'un développement résilient. « On ne peut concevoir ou suivre un chemin et une conduite sans direction ni but[10]. » Cette force s'organise autour d'un projet à réaliser et non pas d'un bien-être immédiat. Dans

---

9. Frankl V., *Donner sens à sa vie*, Montréal, Les Éditions de l'Homme, 1988.
10. Adler A., *Le Sens de la vie*, Paris, Payot, 1998, p. 108.

les camps japonais où les Américains étaient enfermés avant Hiroshima, les footballeurs hercules tombaient les premiers. Les chétifs résistaient parce qu'ils possédaient dans leur monde intérieur une force, une beauté, appelée « poésie »[11].

Cette expérience tragique nous permet de comprendre que « sens » n'est pas un mot d'intellectuel, il ne désigne pas une abstraction. Donner sens à une épreuve même tragique, c'est mettre dans son âme une étoile du berger qui indique la direction. Il faut alors marcher, rêver, réfléchir et rencontrer ceux qui nous aident à élaborer. Rabelais disait « élabourer », renforçant ainsi la métaphore du paysan qui pense en posant les pieds par terre. Quand il travaille à se représenter un événement passé, le cultivateur se met à la peine. En s'efforçant d'exercer son esprit, il muscle son cerveau. En rencontrant quelqu'un pour échanger quelques mots, il lui donne le pouvoir de devenir un tuteur de résilience. L'élaboration poétique, psychologique ou scientifique donne ainsi une forme acceptable à ce qui était intolérable. Le lent travail intellectuel, émotionnel et relationnel transforme une panique incompréhensible en plaisir de comprendre.

Le simple fait d'être au monde est un mystère inexplicable. Nous pouvons ne pas nous en étonner, vivre dans la banalité de l'immédiat, respirer sans raison, marcher au hasard, vivre et mourir comme une valise usée. Il est possible de ne jamais donner sens au prodige d'être là, mais la plupart des êtres humains

---

11. Stewart S., *Give Us This Day*, Londres, Staples Press, 1990.

s'émerveillent, et parfois s'effraient de ce fait invraisemblable : pourquoi la vie ? Pourquoi la nature ? Pourquoi
l'univers ? Pourquoi pas rien ? Ces énigmes nous fas-
cinent et nous angoissent, c'est alors que la contrainte
au sens nous rassure et nous dynamise. Dieu, le créateur
de tout, nous indique la voie, le sens de la vie, l'art de
vivre ensemble et les contraintes morales. Tout devient
clair, nous savons maintenant pour quoi nous devons
vivre, souffrir et mourir un jour. L'immense majorité
des êtres humains a trouvé cette solution. La spiritualité
nous élève au-dessus de l'immédiat et crée la condition
humaine.

   Viktor Frankl reprochait à Freud son explication
systématique par la sexualité, son organisation dogmatique du milieu psychanalytique et son mépris de la
dimension spirituelle. « Toutes les religions sont néces-
saires et respectables », dit-il. Nous avons besoin de
donner sens à l'invraisemblable, lui attribuer une forme
et une direction. Quand la souffrance surgit, le sens
métamorphose la manière de la ressentir, l'intention
de sens mène à la spiritualité, éclaire le monde et nous
aide à le supporter[12].

   Albrecht Dürer, en 1514, grave sur cuivre une
Melencolia, allégorie de l'impuissance humaine face à
l'univers. Cette gravure, souvent interprétée, est une
image qui veut dire que l'homme est abattu quand il ne
peut donner sens. Son regard est vide quand il regarde
le ciel, à côté d'une échelle qui monte on ne sait où.

---

12. Frankl V., *Le Dieu inconscient. Psychothérapie et religion*, Paris, InterÉditions, 2012.

Le monde est assoupi autour d'un homme inhabité. Un angelot baisse les yeux, un chien dort en attendant le stimulus qui pourra le réveiller. Depuis l'Antiquité, la description de la mélancolie n'a pas changé. Quand il n'y a rien à faire, rien à penser, rien à dire, comment voulez-vous que le monde s'anime ? Les outils de la thérapeutique sont là, posés par terre : un compas, une équerre, un rabot, une scie, des clous et un sablier immobile dessinent un récit qui montre que l'artisanat peut donner sens et remplir le vide d'une existence. Il suffit d'une intention, d'une « volonté de sens » pour que tout s'anime et se remette à vivre. Mais, voilà : la bile noire de la mélanine coule dans l'intestin (melencolie), brise l'élan, éteint la force d'enchanter le réel et nous empêche de donner sens aux choses.

CHAPITRE 15

APRÈS LA FIN, LE RENOUVEAU

L'évolution écologique, celle des plantes, des animaux et des hommes se fait par sauts, par catastrophes. Quand une étoile s'éteint, le désastre allégorise la fin d'un univers. Pas de résilience possible. Mais quand une coupure fracasse le monde vivant, les morceaux dispersés peuvent se réagencer. On peut reprendre vie dès que l'esprit symbolise. Mais ce sera une autre flore, une autre faune, une autre manière de voir le monde, comme le définit la résilience[1].

L'histoire de la Terre est ponctuée d'extinctions de masse qui, par cinq fois, ont détruit jusqu'à 95 % des espèces vivantes, mais à chaque fois l'évolution a provoqué des « sursauts d'inventivité de la vie[2] ». Chaque effondrement de civilisation a fait apparaître de nouvelles créations, de nouveaux codes relationnels,

1. Mathevet R., Bousquet F., *Résilience et environnement*, Paris, Buchet Chastel, 2014.
2. Leakey R., Lewin R., *La Sixième Extinction. Évolution et catastrophe*, Paris, Flammarion, 1997.

de nouvelles lois, de nouvelles valeurs. Comme l'illustre Albrecht Dürer avec son allégorie *Melencolia*, tout est là pour reprendre vie, encore faut-il qu'une rencontre soit possible. La culture joue un rôle majeur en organisant des lieux où les rencontres déclenchent de nouvelles manières de voir le monde. Chaque catastrophe sociale ou culturelle est une occasion d'évolution. On a longtemps négligé l'étude des extinctions de masse parce qu'elles étaient pleines de mystères ; aujourd'hui on admet qu'elles constituent « une des grandes forces créatrices[3] ».

L'évolution par catastrophes semble pertinente aussi dans la condition humaine. L'exemple le plus illustratif de ce phénomène nous est donné par la « mort noire », la peste bubonique de 1348. En quelques années, près d'un Européen sur deux meurt. On ne peut plus cultiver, il n'y a plus assez de main-d'œuvre. La friche et la forêt reprennent possession des territoires. La vigne et les cultures céréalières disparaissent des paysages. Le travail des survivants devient si coûteux que la notion de servage disparaît.

Les villes se dépeuplent : 80 % de morts à Florence, 75 % à Venise. Les maisons se vident et deviennent si bon marché que l'exode rural est facilité. En deux ans, la population française passe de 17 à 10 millions d'habitants[4]. Ce bouleversement démographique et géographique provoque en quelques années une autre manière de penser la vie en société.

---

3. *Ibid.*, p. 323.
4. Lannoy F. de, *Pestes et épidémies du Moyen Âge*, Rennes, Ouest France, 2016.

Régulièrement les processus évolutifs associent deux réactions opposées et associées : destruction-reconstruction. Rien n'est plus expliqué que ce qui est incompréhensible. On voit bien que tout le monde meurt, mais on ignore pourquoi. Alors, ceux qui ont du goût pour les explications matérielles parlent de miasmes, souillures, effluves et décomposition des matières animales et végétales. Le traitement qui correspond à cette représentation sera composé de fumigations, herbes, valériane ou verveine. La protection contre les vapeurs mortifères se fera grâce à des masques à long nez et de longues robes noires. Pour résister à l'intoxication, il faudra manger des racines, du miel et de la résine de térébenthine. On prescrira des cataplasmes de bave de crapaud, de fiente d'oiseaux et de bile de foie de biches tuées à la pleine lune. Logique, non ? Puisque la cause de la mort est matérielle, la réponse thérapeutique sera matérielle. C'est ainsi qu'on raisonne par contiguïté.

Ceux qui préfèrent les explications immatérielles achèteront des amulettes et des talismans, ils feront des processions pour agir sur la force invisible qui a envoyé la mort. La foi est exacerbée après une catastrophe naturelle. Les survivants effrayés ressentent plus que jamais le besoin de Dieu. C'est le moment des flagellants où l'on remercie Dieu de nous avoir punis. Puisque la catastrophe est immense, c'est bien la preuve que nous avons commis un péché immense. Dieu, dans sa bonté, nous accorde une possibilité de rachat, il suffit de se punir pour expier sa faute, on se fouette comme l'exige un Dieu punisseur, on coupe son manteau en deux, on donne son obole. Quand on aura payé, la rédemption nous redonnera l'espoir et nous pourrons nous remettre à vivre.

Dans un contexte de catastrophe naturelle (nuages de sauterelles, incendies, sécheresse) ou culturelle (guerres, persécutions), tout le monde a peur. Les épidémies psychiques sont faciles à déclencher. Il est difficile de demeurer paisible et détaché quand nos proches, nos amis, nos voisins s'agitent, pleurent, crient et convulsent. Quand nous pressentons une mort imminente et que nous voyons nos proches danser devant un tableau de la Vierge pour attirer sa protection, on ne peut s'empêcher de partager leur espoir, on a envie de danser avec eux. Ce n'est pas rationnel, mais c'est diablement tranquillisant ! C'est ainsi qu'on explique les processions extatiques pour remercier Dieu après le tremblement de terre en Haïti en 2010 (250 000 morts en une minute), c'est ainsi qu'au xɪvᵉ siècle on expliquait les extases mystiques des survivants désespérés.

Une autre méthode, habituelle après une catastrophe, consiste à inculper un « bouc émissaire ». Ça permet de moins se sentir coupable en accusant un autre, et ça donne une conduite à tenir, une action de groupe pour s'attaquer à la cause du mal. Punissons les Juifs, prenons leurs biens et tout ira mieux. En Provence, à Toulon, à Manosque et à Forcalquier où la peste avait été particulièrement mortelle, les Juifs furent tués et leurs maisons pillées. À Valence, ils furent jetés dans les puits, ce qui est logique dans un raisonnement par contiguïté, puisque la rumeur affirmait qu'ils avaient empoisonné l'eau des puits. À cette indignation s'ajoutaient quelques bénéfices : les Juifs étaient souvent prêteurs, banquiers, donc usuriers. En outre, 40 % des médecins étaient juifs : ils connaissaient les substances qui guérissent, donc celles qui tuent. En les pillant pour faire justice, on ne faisait pas une mauvaise affaire.

Quand un malheur nous frappe, il est logique de chercher la cause. Quand on se sent coupable, on se flagelle, et quand on sent qu'un autre est coupable, on le tue. Dans les deux cas, on se sent mieux. Effet bénéfique de la calamité. : après la destruction, la reconstruction. C'est ainsi qu'on évolue.

Les enfants, très vulnérables au bacille de la peste, mouraient en grand nombre. Les femmes aussi mouraient très jeunes. Tout d'un coup, la société survivante a été gérée par des hommes âgés et endeuillés qui aspiraient à la paix plutôt qu'à la conquête. La mise en place de cette nouvelle structure démographique et culturelle a donné la parole aux âgés. Désirant retrouver la paix, ils ont surévalué les arts de la maison et les rituels sentimentaux. Avant la peste, la vie domestique était joyeusement agitée par de nombreux enfants. Deux ans plus tard (1340), les hommes âgés donnaient le ton de la nouvelle société en déclarant : « Je voudrais que tous les miens résidassent sous le même toit, se chauffassent au même feu, mangeassent à la même table[5]. »

En quelques années, la vie sentimentale est encensée alors qu'auparavant elle était ridiculisée. L'homme d'action, de conquête et de virilité n'est plus héroïsé. La violence qui construisait du social n'est plus une valeur

---

5. Ariès P., Duby G., « La vie privée de notables toscans au seuil de la Renaissance », *Histoire de la vie privée*, tome II, Paris, Seuil, 1985, p. 176.

adaptative, elle n'est que destruction. Dans une culture endolorie, les artistes mettent en lumière tout ce qui apaise, et tout ce qui facilite l'amabilité. Les peintres qui, depuis Giotto, ont appris à représenter les expressions faciales des individus et non pas le conformisme des mimiques du groupe, figurent des couples unis par la tendresse. Le Moyen Âge, après la peste, est fasciné par les ustensiles de ménage. La « célébration du lit » devient un thème iconographique. On dessine soigneusement le « lit d'honneur » des chastes époux, entouré de bancs, de coffres et d'escabeaux. Faire son lit, accoucher dans un lit, mourir dévotement dans sa chambre deviennent sources d'œuvres d'art émouvantes[6].

Un phénomène identique de destruction-recomposition se produit après chaque catastrophe. Ce n'est pas un équivalent de maladie-guérison, cela décrit plutôt une destruction traumatique suivie d'une réorganisation, d'un nouvel agencement des manières de vivre – une résilience culturelle, en quelque sorte. Après la mort noire du XIVᵉ siècle tout a été pensé autrement : le sens de la vie, l'affection dans les familles, le lit, l'escabeau et le projet d'existence.

Après la défaite de la France écrasée par la Prusse en 1870, les villageois chargés de payer d'énormes dommages de guerre ont aussi dû changer leur vie quotidienne. Ils se sont habillés avec austérité, se sont coupé les cheveux très courts afin de ressembler aux Prussiens qui avaient gagné la guerre grâce à leur rigueur, disait-on. La guerre mondiale en 1914, la première absurdité criminelle du

6. *Ibid.*, p. 485-495.

xxe siècle, a inspiré le surréalisme, le dadaïsme et toutes
ces formes d'art où l'absurde a été créateur. Picasso a
peint *Guernica* pour dénoncer le bombardement d'une
population sans armes par les armées franquistes, mais
la destruction de Dresde, du Havre et de Brest par les
Alliés n'a pas inspiré les artistes qui, par leur silence, ont
mis à l'ombre ces bombardements. La Seconde Guerre
mondiale a donné la parole au théâtre du non-sens de
Beckett et Ionesco. L'explosion technologique à partir
des années 1960 a pulvérisé l'ancienne culture où l'on
faisait du social avec son corps, avec les bras des hommes
dans les usines et le ventre des femmes à la maison. Le
développement du tertiaire a modifié ce processus de
socialisation. Dans notre nouveau contexte, on fait du
social avec ses diplômes, son art de la relation et son
habileté à manipuler les machines.

CHAPITRE 16

DEUIL ET CRÉATIVITÉ

L'idée qui émerge de ces données, c'est qu'un effondrement culturel hiérarchise une nouvelle échelle des valeurs et qu'un deuil est une perte douloureuse qui contraint à la créativité.

Au cours de notre ontogenèse, depuis qu'un spermatozoïde de notre père a fécondé un ovule de notre mère, notre développement était gouverné par les pressions incessantes du milieu. Au moment de la fécondation des gamètes, les deux cellules ont été soumises aux pressions physico-chimiques du milieu dans lequel elles baignaient. En se clivant, elles ont pris la forme d'une petite mûre. En quelques jours, elles sont devenues un bourgeon ramifié. L'embryon qui se formait traitait des informations extraites d'un milieu de plus en plus agrandi. En fin de grossesse, le bébé a commencé à répondre à des stimulations éloignées, venues du corps de sa mère quand elle était bouleversée par une violence conjugale ou par une catastrophe sociale. Les émotions qu'elle ressentait augmentaient ses substances de stress, qui transmettaient au fœtus des informations biologiques dont l'origine était déjà relationnelle ou sociale.

Après la naissance, le processus se poursuit. Le nouveau-né perçoit un monde composé d'olfacto-gustation, de toucher, de chaleur, de sonorités et de brillance des yeux[1]. Dès le 2e mois, il différencie le visage de sa mère de tous les autres visages. Le père est reconnu plus tard (3e mois), puis le cercle de famille, puis les voisins familiers, puis les étrangers non familiers.

L'enfant arrive à la parole vers le 18e-20e mois parce qu'il est devenu capable de percevoir deux informations différentes et associées : l'affect et l'absence[2]. L'affectivité, en le sécurisant, lui donne la force et le plaisir d'explorer son monde qui s'élargit. L'éloignement de l'Autre, jusqu'à son absence, invite le petit à apprendre les mots qui serviront de passerelles entre deux mondes psychiques qui s'individualisent en se séparant. Il faut donc que le cerveau de l'enfant se développe suffisamment pour accéder à la perception d'une altérité avec laquelle il désire rester en communication. Le repère comportemental le plus fiable de cette aptitude se fait vers le 11e-13e mois quand le bébé préverbal pointe du doigt pour désigner un objet éloigné dans l'espace, un nounours inaccessible ou un objet que la figure

1. Cyrulnik B. (dir.), *La Petite Enfance*, Savigny-sur-Orge, Éditions Philippe Duval, 2016.
2. Danon-Boileau L., « L'affect et l'absence aux origines du langage », in J.-M. Hombert (dir.), *Aux origines des langues et du langage*, Paris, Fayard, 2005, p. 292-301.

d'attachement utilise souvent[3]. Quelques mois plus tard (18e-20e mois), l'enfant comprend qu'un geste de la langue donne une forme sonore qui peut désigner avec précision un objet éloigné dans l'espace et dans le temps. Il ne lui reste plus qu'à apprendre les mots que son foyer dispose autour de lui, sa langue maternelle. Il acquiert alors un outil verbal qui désigne d'abord les choses visibles dans le contexte. Il exprime ses émotions autrement que par des cris ou des mimiques. Il agit sur le monde mental de l'Autre avec son outil verbal.

En articulant des mots qui réfèrent à des mondes invisibles, l'enfant remplit le vide entre les deux psychismes. Avec des représentations de mots, il crée un autre monde, invisible et partageable. Une insulte, un compliment, un scénario, un roman ou un film peuvent bouleverser l'enfant et l'influencer durablement. L'objet, impossible à percevoir dans le réel, est pourtant fortement ressenti parce qu'il est représenté par une série de mots qui mettent en scène un événement ou une idée. Dès ce niveau de développement, ce n'est plus le corps de l'Autre qui déclenche une émotion sécurisante, c'est le partage d'un monde inventé : « Les mots deviennent alors un moyen de jouer avec des idées, des notions, des représentations[4]. » Ce processus d'éloignement des informations invite à vivre dans l'idée qu'on se fait d'un monde imperçu bien plus que dans un monde perçu.

---

3. Robichez-Dispa A., Cyrulnik B., « Observation éthologique comparée du geste de pointer du doigt chez des enfants normaux et des enfants psychotiques », *Neuropsychiatrie de l'enfance et de l'adolescence*, mai-juin 1992, p. 292-299.
4. Danon-Boileau L., « L'affect et l'absence aux origines du langage », *op. cit.*, p. 300.

Parfois, ce monde inventé est un émerveillement qui nous réconforte et nous dynamise comme une base de sécurité. Parfois, c'est une horreur, une malédiction, un récit de haine qui est aussi une force, mais elle est maléfique.

La perte d'un être cher réalise une situation étrange où l'objet n'est plus dans le réel alors qu'on le ressent intensément au fond de soi. On est encore attaché à quelqu'un qu'on ne peut plus percevoir, alors que notre mémoire le rappelle invinciblement. Ce qui revient à dire qu'après un deuil, pour ne pas souffrir de l'angoisse du néant et de l'immobilité du temps qui caractérise la mélancolie, nous sommes contraints à la créativité. Sans cesse nous pensons à lui (à elle), nous nous rassemblons pour mieux le (la) pleurer, nous regardons sa photo, nous gravons son nom sur une pierre, nous racontons l'histoire de sa vie.

Il n'y a pas de cultures sans rituels du deuil. « La mort serait-elle l'essor de la vie, et sa suppression serait-elle autre chose que la mort de la vie[5] ? » Cette phrase philosophique est totalement confirmée par la biologie évolutive. C'est en effet la solidarisation du couple d'opposés, celui de la mort des individus associée à la sexualité, qui permet la survie de l'espèce. Sans l'appariement de la mort et du sexe, l'espèce s'userait et, incapable de s'adapter aux variations de l'environnement, elle disparaîtrait tout entière[6].

---

5. Minkowski E., *Le Temps vécu. Études phénoménologiques et psychopathologiques*, Paris, PUF, 1995.
6. Bonis L. de, *Évolution et extinction dans le règne animal*, Paris, Masson, 1991, p. 169.

Il est étonnant de découvrir le même phénomène dans le monde psychique : « De nombreuses œuvres littéraires, qu'il s'agisse de poésie, de théâtre ou de romans, même d'autobiographies, suggèrent que [...] certaines tragédies humaines modèlent le sens[7]. » Une création naît de l'absence, c'est ainsi qu'elle parvient à tisser des liens invisibles.

Une pensée qui se déroule sans surprise routinise la conscience, comme un ronron bienfaiteur. En améliorant la récitation, elle empêche la prise de conscience. C'est pourquoi les premières traces culturelles se trouvent dans l'art funéraire parce que la mort est une rupture... définitive : « C'est toujours comme tombeau que s'élabore la culture[8]. »

Quand un enfant accède à la représentation verbale d'un événement impossible à percevoir, il devient capable d'entrer dans le monde de la métaphysique : « Où étais-je avant ma naissance ?... Où irai-je après ma mort ? » Cette performance de pensée abstraite n'est possible que vers l'âge de 6 à 8 ans, quand la maturation du cerveau le rend capable de représentation du temps. À ce stade de développement, les neurones préfrontaux, socle neurologique de l'anticipation, se connectent avec les neurones du circuit limbique, socle de la mémoire[9]. Quand le futur et le passé se conjuguent, la représentation du temps devient possible.

---

7. Métraux J.-C., *Deuils collectifs et création sociale*, Paris, La Dispute, 2004, p. 50.
8. Girard R., *Des choses cachées depuis la fondation du monde*, Paris, Grasset, 1978, p. 91.
9. LeDoux J. E., Romanski L. M., Xagorraris A. E., « Indelibility of subcortical emotional memories », *J. Cogn. Neurosciences*, 1989, 1 (3), p. 238-343.

Un bon développement crée une aptitude neurologique à la représentation du temps, mais si l'enfant n'interagit pas avec son entourage, il n'y aura aucun récit à mettre dans cet espace de temps. Alors la représentation de rien déclenche l'angoisse du néant.

En cas d'isolement sensoriel, en cas d'appauvrissement en stimulations affectives, les réactions de l'enfant varient selon son niveau de développement. Quand une perte parentale survient au cours des premiers mois de la vie, il faut parler de carence, et non pas de deuil. Le petit ne peut pas comprendre qu'un parent est mort. Il n'est plus là, c'est tout, la niche sensorielle qui l'entoure est appauvrie, elle stimule moins son cerveau. Le cerveau dysfonctionne à cause d'une défaillance environnementale. Les endorphines, opioïdes euphorisants sécrétés par l'intestin et le cerveau, ne sont plus stimulées par les rencontres ; au contraire, le système neurologique de la partie dorsale du thalamus (petit groupe de noyaux neuronaux enfouis au fond du cerveau) devient très réactif à la moindre stimulation[10]. L'organisme sursaute ou panique en réponse à des situations normales de la vie quotidienne. Le monde est hostile pour lui. Si l'enfant avait été sécurisé au cours des premiers mois par une niche sensorielle stable et sécurisante, s'il n'avait pas perdu son parent, le même monde aurait été perçu comme une exploration amusante. L'enfant qui a été isolé ressent le monde extérieur comme une alerte, alors que c'est sa manière de le percevoir qui déclenche une

---

10. Panksepp J., *Loneliness and the Social Bond*, New York, Oxford University Press, 1998, p. 261-279.

émotion d'alerte. L'enfant ne peut pas savoir que la partie dorso-médiane de son thalamus dysfonctionne à cause d'un isolement précoce. Ne pouvant pas prendre conscience du manque, il invente des raisons qui décrivent le monde qu'il perçoit, mais ne l'explique pas. Le monde, pour lui, est l'impression qu'il lui fait.

On ne peut pas rétablir cette dysfonction neuro-émotionnelle avec des arguments raisonnables, mais on peut réguler les neurones dorso-médians du thalamus, en réorganisant une niche sensorielle sécurisante. La parole, dans cette fonction, a un effet affectif bien plus qu'informatif. Dire à un enfant carencé : « N'aie plus peur, je suis là » marche mieux que : « Je vais stimuler les noyaux dorso-médians de ton thalamus. » Cela revient au même, mais la formulation descriptive (je suis là) est mieux comprise dans le monde psychique de l'enfant. La psychothérapie doit d'abord être sécurisante, avant de chercher à donner sens[11].

Quand le deuil survient après 6-8 ans, l'enfant éprouve intensément la perte : « Maman n'est plus là. » La souffrance hyperconsciente désigne l'objet d'amour perdu. C'est différent de la carence précoce où l'on ne sait pas ce qu'on a perdu. Le carencé se développe dans un milieu pauvre en tuteurs de développement, il se sent mal sans savoir pourquoi. Alors que dans le deuil on pense sans arrêt à l'objet perdu, on éprouve le chagrin, les regrets, la colère ou le désespoir, avant de réapprendre à vivre dans un milieu modifié par le

---

11. Bowlby J., *Le Lien, la Psychanalyse et l'Art d'être parent*, Paris, Albin Michel, 2011.

départ de l'aimé. Alors, pour moins souffrir, on fait revivre le mort, il revient dans nos rêves nocturnes, on le fait revenir dans nos rêveries diurnes en regardant sa photo, en s'adressant au défunt (« Si papa me voyait… »), en évoquant des moments heureux ou en écrivant sa biographie.

Je me souviens de cet homme, excellent navigateur qui était parti avec sa femme sur un voilier. Par temps calme, il s'allongeait sur le pont pour lire tranquillement. Mais sa femme qui concevait la navigation comme une échappée intense ne quittait pas la mer des yeux. Quand son mari s'allongeait pour lire, elle donnait des coups de pied dans les livres pour les jeter à l'eau, ce qui provoquait des conflits désagréables. Un jour, elle est morte. Son mari, très malheureux, a repris la mer sans elle et ne cessait de raconter avec une douce nostalgie comment elle aimait naviguer, se baigner dans les criques et comment elle prenait la mer tellement au sérieux qu'elle donnait des coups de pied dans les livres. Cet homme ne mentait pas, mais en faisant revivre sa femme dans sa mémoire et dans ses récits, il remaniait les sentiments qu'il avait éprouvés à l'époque où il vivait avec elle. Il était passé de la colère à la nostalgie.

Il est donc possible de moins souffrir de la perte d'un objet d'amour en en faisant un récit, car la connotation affective d'un événement évolue avec la mémoire. On peut imaginer un script, agencer des images, raconter des événements pour en faire une séquence de film intime, une représentation de soi. On peut aussi se réunir pour parler du défunt avec ceux qui l'ont aimé ou simplement connu. Les mots parlés sont tellement interactifs qu'ils créent le sentiment de ne plus être seul face au deuil. Les mots écrits fabriquent un sentiment un peu différent : la plongée intérieure est profonde et le travail plus imaginaire puisqu'on ne tient plus compte de la présence des autres.

Les enfants préverbaux ne peuvent pas souffrir du deuil de la perte d'un être aimé, mais ils souffrent beaucoup du manque, qui altère leur développement. Pour eux, le traitement ne peut venir que de l'extérieur, en leur proposant un substitut affectif. Si on les laisse seuls dans un milieu appauvri par la mort d'un parent, l'adaptation se fait par un engourdissement affectif[12]. À ce stade, le comportement de perte est conçu comme une série de conduites d'attachement : pleurs, agitation, recherche de l'objet perdu ; maintien de la mémoire pour garder en soi la personne vivante ; puis travail du deuil pour redéfinir la relation au défunt et former des liens nouveaux[13].

Après un deuil, le groupe familial doit forcément se réorganiser puisqu'il va falloir apprendre à vivre sans le défunt et s'adapter au nouveau fonctionnement du groupe. On dit alors qu'il faut « renouer les liens » qui partent en tous sens après la mort du proche[14]. Il nous arrive aussi de faire le deuil d'une « abstraction »

---

12. Bacqué M.-F., Haegel C., Silvestre M., « Résilience de l'enfant en deuil », *Pratiques psychologiques*, 2000, 1, p. 23-33.
13. Bourgeois M.-L., *Deuil normal, deuil pathologique. Clinique et psychopathologie*, Paris, Doin, 2003, p. 13.
14. Garland C., *Understanding Trauma. A Psychoanalytical Approach*, Londres, Karnac, « The Tavistock Clinic Series », 2004, p. 18.

comme la patrie, la liberté, un idéal[15]. Lorsqu'une aspiration, un espoir ou une utopie ont longtemps habité nos rêves, ils sont imprégnés dans notre mémoire et lorsqu'il faut y renoncer, nous en souffrons comme d'un deuil.

---

15. Freud S., *Deuil et mélancolie. Œuvres complètes*, tome XIII, Paris, PUF, 1994.

CHAPITRE 17

ÉTRANGE ET DOULOUREUX PLAISIR

La mort du père prend une signification particulière. Dans de nombreuses cultures, le père a peu de relations affectives avec ses enfants. À l'époque encore récente où les « chefs de famille » travaillaient quinze heures par jour pour gagner un peu d'argent qu'ils donnaient intégralement à leur femme, ils se levaient vers 4 heures du matin et rentraient le soir hébétés de fatigue. Seules les femmes tissaient des liens affectifs en assumant toutes les charges du foyer. Dans un tel contexte technique et culturel, le père représentait la loi et s'en servait souvent de manière écrasante. Sa mort, dans ce cas, soulageait le jeune adulte qui avait inscrit dans sa mémoire l'image d'un oppresseur. « La mort de son père délivre Flaubert du poids insupportable qu'il faisait peser sur sa vie. Au lendemain de l'enterrement il se déclare guéri : "Je vais me mettre à travailler, enfin ! Enfin !" note-t-il[1]. »

---

1. Perrot M., « Figures et rôles », *in* P. Ariès, G. Duby, *Histoire de la vie privée*, tome IV, Paris, Seuil, 1985, p. 131.

Freud a connu la même libération à la mort de son père : « Lorsque mon père est mort, cela me remua jusqu'au plus profond de moi-même[2]. » Jusqu'au jour du deuil, Freud avait suivi une carrière classique en neurologie et en neurophysiologie sous le regard de son père et des contraintes culturelles. Après sa mort, en 1896, Freud, libéré de son ambivalence, s'autorise enfin à nommer ses recherches par le mot « psychanalyse ». Cette affirmation de soi est suivie d'une cascade de publications fondatrices : 1899 : *L'Interprétation des rêves* ; 1901 : *Psychopathologie de la vie quotidienne* ; 1904 : *De la technique psychanalytique* ; 1905 : *Cinq psychanalyses*. Comme si la présence de son père l'avait empêché de dire : « Moi, je pense que... »

Romain Gary, en ne parlant jamais de son père, « quitte à passer pour bâtard [...], sauvait ainsi l'honneur de sa mère[3] ». Dans une culture où le père représente l'État dans la famille, c'est lui qui énonce la loi, donne la direction et prescrit les limites aux désirs des enfants. Ce cadre paternel dirige et sécurise les conduites familiales, mais impose en même temps une contrainte, un frein à l'expression de soi. Flaubert, Freud et bien d'autres n'ont osé devenir eux-mêmes qu'après la mort de leur père.

Quand un enfant meurt, ce n'est pas un cadre qui se brise, c'est une énorme hémorragie affective. Dans l'âme des parents s'installe un gouffre noir. Il n'y a plus de « Comment va-t-il grandir ? », « Qu'est-ce qui

---

2. Gay P., *Freud, une vie*, Paris, Hachette, 1991, p. 448.
3. Catonné J.-M., *Romain Gary, op. cit.*, p. 25.

l'intéresse ? », « Qui va-t-il aimer ? ». Le Paradis perdu est atrocement douloureux quand il est peuplé par un enfant interrompu. Ce fut le cas pour Dostoïevski, Faulkner, Malraux, Victor Hugo et bien d'autres. La perte d'un enfant n'est pas une libération, c'est une immense douleur qui tue la vie mentale : rien à rêver, rien à aimer puisqu'il n'est plus là. Alors, dans ce gouffre, il n'est pas rare que le parent ressente un fort besoin d'écrire. Écrire la vie de l'enfant perdu pour le faire vivre encore un peu dans l'âme de l'endeuillé.

L'écriture comble le gouffre de la perte, ce qui ne veut pas dire qu'il suffit d'écrire pour retrouver le bonheur. Le parent endeuillé se sent lui-même interrompu : « Je n'irai plus jamais le chercher à l'école… j'aime intensément un être qui n'est plus là… en écrivant quelques mots sur mon enfant perdu, je pense encore à lui, je réorganise mon monde intérieur, ce n'est plus un gouffre vide, mais il est très douloureux. » Ce n'est plus la même douleur, elle a changé de couleur, elle n'est plus noire et amère, elle est nostalgique comme lorsqu'on pleure un passé heureux.

Chez Victor Hugo, la poésie après un deuil provoque l'étrange et douloureux plaisir de parler en pleurant de sa fille qui s'est noyée :

« Demain, dès l'aube, à l'heure où blanchit la campagne,
Je partirai. Vois-tu, je sais que tu m'attends.
J'irai par la forêt, j'irai par la montagne.
Je ne puis demeurer loin de toi plus longtemps.
[…]

Je ne regarderai ni l'or du soir qui tombe,
Ni les voiles au loin descendant vers Harfleur,
Et quand j'arriverai, je mettrai sur ta tombe
Un bouquet de houx vert et de bruyère en fleur[4]. »

La jolie, l'élégante Léopoldine vient de se marier. Son mari Charles achète une barque et invite son oncle et son neveu à traverser la Seine. Au cours du trajet, un brusque coup de vent renverse la coque. Les deux hommes et Léopoldine, empêtrée dans sa robe, ne peuvent remonter. Charles, bon nageur, plonge six fois et sort de l'eau pour reprendre son souffle, mais quand il comprend qu'il n'y arrivera pas, il se laisse couler pour mourir auprès d'elle. Pendant quatre ans Victor Hugo, hébété par le malheur, ne peut plus parler ni écrire. Quand la vie revient doucement en lui, c'est sous forme de poésie qu'il adresse à sa fille une déclaration d'amour : « Vois-tu, je sais que tu m'attends… Je ne puis demeurer loin de toi plus longtemps… Je mettrai sur ta tombe un bouquet de bruyère en fleur. »

Aurait-il pu dire cette tragédie avec des mots de tous les jours ? Avec des mots de déclaration administrative ? « 4 septembre 1843 : mort de ma fille à Villequier, sur la Seine. Femme de Charles Vacquerie. Bonne situation. » Obscène ! La froideur des mots serait intolérable. Quand ils ne sont que techniques, les mots font l'effet d'une gifle dans l'âme. La poésie, la musique des mots, leurs agencements inattendus cassent le langage logique

---

4. Hugo V., « Demain, dès l'aube… », *Les Contemplations*, 1856.

et mettent à sa place une langue irrationnelle qui dit la vérité du monde intime : « Tu es morte et je t'aime. »

Ce qui comble le gouffre douloureux, ce n'est pas le fait de dire des mots, c'est l'agencement des prosodies, c'est la « fiction » romanesque, le théâtre ou l'essai. Quand la parole est élaborée et non pas automatique, elle donne une autre forme à la douleur de perdre.

CHAPITRE 18

QUAND LE MANQUE DE MOTS
AIGUISE L'APPÉTIT

Gérard Depardieu n'a pas eu une enfance exceptionnelle. Dans les familles incultes des quartiers décul-
turés, les enfants se développent comme ils peuvent. Ce
qui est exceptionnel chez lui, c'est son aptitude à utiliser
les mots des autres, les grands auteurs, pour mettre des
paillettes dans son âme et s'en servir pour sortir des
pissotières d'Orly où il a passé ses petites années : « Je
rêvais, je partais tout seul dans ma tête. [...] Les autres,
mes frères et sœurs, [...] ils ont vécu les mêmes choses et
pourtant, devenus adultes, ils n'ont pas eu la même vie
que la mienne[1]. » À la place de Depardieu j'aurais dit :
« Mes frères et mes sœurs, dans la même situation de
pauvreté dans un quartier déculturé, n'ont pas vécu les
mêmes choses. Ne goûtant pas le monde comme moi,
n'éprouvant pas le plaisir des pépites verbales, ils sont
restés dans le même moule, ils ne s'en sont pas sortis. »

---

1. Depardieu G., *Ça s'est fait comme ça*, Paris, XO Éditions, 2014, p. 8.

Le bébé Depardieu n'a probablement pas été isolé au cours des premiers mois de sa vie. Même si sa mère « la Lilette » a voulu l'empêcher de venir au monde avec des aiguilles à tricoter. Une fois arrivé, le nouveau-né a été entouré de cris, de rires, de disputes, de père alcoolique chancelant et de mère « grosse comme une vache ». Ça vivait intensément dans ce monde préverbal, ça a éveillé le cerveau de l'enfant, ça a développé son aptitude à la relation, mais ça ne lui a pas fourni les mots pour remplir cette capacité, ça n'a pas transformé sa compétence à la parole en performances verbales. C'est ailleurs, hors de son foyer que l'enfant a su trouver les mots : à Châteauroux, « on vivait dans deux petites pièces, on était les uns sur les autres. J'étais bien mieux dehors à faire ce que je voulais. C'était une enfance formidable[2] ».

Dès les premiers mois, les enfants acquièrent un tempérament, une manière de s'exprimer par des sourires, des gambades et des cris, qui peuvent amuser les parents, les enchanter ou les irriter[3]. « C'était une enfance formidable », dit le petit Depardieu, alors que ses frères et sœurs auraient probablement dit : « Nous avons souffert de cette enfance. »

Quand j'étais praticien, il m'est arrivé d'accompagner un couple de jumeaux. Leurs parents, sans argent, refusaient de s'engager dans la société. Étudiants éternels de diplômes sans débouchés, ils discutaient des

---

2. *Ibid.*, p. 12.
3. Ambert A. M., *The Effect of Children on Parent*, New York, The Haworth Press, 2001, p. 186-189.

nuits entières dans des groupes qui se disaient révolutionnaires. Je me souviens du garçon qui me racontait son enfance formidable : ses parents n'étaient jamais là : « Nos parents nous laissaient toute liberté. Je dormais où je voulais quand un copain m'invitait chez ses parents. Je jouais dans la rue, j'allais parfois à l'école, mes parents ne s'en souciaient pas. J'ai eu une enfance formidable. »

Sa sœur jumelle, portée par la même mère, ayant connu le même foyer parental, dans un même contexte socioculturel, disait : « Nos parents nous ont abandonnés. Ils ne pensaient qu'à eux, à leurs copains, à leurs discussions interminables. Ils ne jouaient jamais avec nous. Ils ne nous ont rien appris. "J'ai été une enfant abandonnée." » À l'adolescence, elle demande à aller en pension, ce qui pour son frère aurait été vécu comme un emprisonnement.

Depardieu réagit comme le jumeau garçon : « À 10 ans je suis dehors […]. Je traîne dans les magasins […]. J'entre dans les cinémas sans payer. » Il chaparde d'une main et se branle de l'autre. « Jamais le Dédé [son père] ne s'inquiète de savoir où je suis. […] Je ne suis pas malheureux[4]. » Son élan vers les autres, le plaisir d'agir et de rencontrer donnent à cette situation un goût de liberté.

Ce qui aujourd'hui serait ressenti comme une très grave agression sexuelle intéressait beaucoup le petit Depardieu : « Des camionneurs, des forains, me proposent de me sucer la bite. Je réponds "pognon", je dis

---

4. Depardieu G., *Ça s'est fait comme ça, op. cit.*, p. 31.

mon prix. J'ai 10 ans [...] rien ne m'étonne[5]. » Beaucoup de petits garçons dans les années d'après-guerre ont connu la même situation, mais n'en parlaient jamais.

Au même âge, j'habitais dans un deux-pièces, rue Ordener, derrière le Sacré-Cœur. Ma famille d'accueil faisait les marchés où je les accompagnais souvent. Le soir, je tenais leur comptabilité et leur courrier professionnel. Puis, vers minuit, je sortais me promener entre Clichy et Pigalle. Plusieurs fois, j'ai dû me débattre et m'enfuir en courant pour éviter un homme entreprenant. Je n'ai pas été traumatisé, je n'y ai jamais repensé, nous en parlions au lycée avec les copains, ça se passait comme ça. On s'en étonnait, on en riait, c'était comme ça. Ce souvenir m'est revenu en lisant Depardieu qui dit : « Si j'ai réussi à survivre aux aiguilles à tricoter de ma mère, de qui est-ce que je pourrais bien avoir peur[6] ? » Je me disais : « Puisque j'ai réussi à survivre à la guerre, de quoi pourrais-je avoir peur ? » Notre confiance exagérée aurait pu provoquer un malheur, mais c'était la vie, il fallait bien l'affronter. Depardieu était marginal, je me sentais « enfant-poubelle », mais nous avions acquis une confiance en soi qui nous faisait penser : « Je me débrouillerai toujours pour chaparder ou pour sortir de ma poubelle. » La confiance en soi vient des interactions précoces, de la niche sensorielle des premiers mois qui, chez Depardieu, était intense et peu verbale, alors que pour moi, elle a été intense et beaucoup plus verbale. Cet attachement particulier,

---

5. *Ibid.*
6. *Ibid.*

ce style relationnel a imprégné dans nos acquisitions précoces la capacité d'affronter les inévitables épreuves de l'existence. D'autres enfants, dans la même situation, sont paniqués par une menace sexuelle. Probablement ont-ils acquis une vulnérabilité émotionnelle, à cause d'un appauvrissement de la niche sensorielle précoce. La même agression qui a été transformée en « pognon » par l'un est devenue une échappée victorieuse pour l'autre. Ce qui compte, c'est moins le fait que la manière de l'éprouver. Toute expérience personnelle est façonnée par notre développement et par notre histoire.

Depardieu a gardé de sa curieuse enfance un élan vers les autres qui l'a socialisé, et une difficulté à contrôler ses pulsions qui le désocialise. Quand il désire quelque chose, il ne voit pas pourquoi il ne s'en emparerait pas. Quand il pense quelque chose, il ne voit pas pourquoi il ne le dirait pas. Ce qui donne à sa relation un charme parfois choquant. Il est chaleureux, on se laisse séduire par sa vitalité qu'il ne demande qu'à partager, lorsque soudain un mot nous cogne : il n'a pas pu le retenir.

La petite délinquance de l'adolescent Depardieu est provoquée par son amour de la vie, l'amour des autres, l'amour des mots des autres qu'il apprend goulûment parce qu'ils servent de prothèses à son monde sans mots. Pour lui, entrer dans un cinéma sans payer est une preuve d'habileté, repérer la porte latérale, se faufiler, ne pas attirer l'attention sur soi, où est la délinquance ? Prendre le train sans billet exige de la vigilance, éviter le contrôleur, attendre pour sortir. Voler une voiture, c'est pour faire la fête, on la rend au petit matin, ce n'est pas un vrai vol.

La même délinquance prend pour Genet une signification différente. Genet vole ceux qui l'aiment, il vole des livres et des tissus, signe un contrat pour un manuscrit avec trois éditeurs différents, sachant que deux éditeurs lui feront un procès. Le vol, chez Genet, ce n'est pas le plaisir de vivre, c'est le plaisir de la transgression, l'érotisation du mal : vous ne me soumettrez pas avec votre affection, je vous trahirai pour me libérer, et quand vous m'aurez mis en prison je m'évaderai par l'écriture, je raconterai l'horreur de vivre, le plaisir de la fange où se débattent les persécutés, les armes et les attentats qui leur donnent une dignité et légitiment leur violence.

Genet pourrait dire : « J'aime la fange, la haine et la violence fourbe de la trahison. » Depardieu lui répondrait : « J'aime les hommes, je vénère les femmes, je m'attache aux chats. Ma violence est rabelaisienne, je rigole en agressant. »

Ces deux délinquants admirables ont été sauvés par les mots : « J'ai fait acteur pour sortir de l'analphabétisme [...] cela m'a sauvé du néant d'où je venais, de la grande pauvreté, de la misère intellectuelle[7]. » Les autres sont mes porte-parole, dirait Depardieu, qui a illustré cette idée dans *Cyrano de Bergerac*[8]. Le cadet de Gascogne se croit trop laid pour attirer les femmes, mais, talentueux fabricant de mots, il écrit des lettres

---

7. *Ibid.*, p. 111 et p. 126.
8. *Cyrano de Bergerac*, film, 1990, où Jean-Paul Rappeneau et Jean-Claude Carrière font de Depardieu le porte-parole de Christian ; Rostand E., *Cyrano de Bergerac* (1897), pièce en cinq actes, Paris, J'ai lu, 2012.

d'amour pour les faire dire par le beau Christian qui attire les femmes, mais ne sait pas leur parler. Cyrano sur scène joue ce qu'a éprouvé Depardieu dans la vie réelle : « Je m'estime si peu, j'ai une si mauvaise image de moi que je n'ai jamais pensé qu'une femme pourrait se satisfaire de ce que je suis[9]. »

Lorsque Roxane comprend que Cyrano, sur le point de mourir, est l'auteur des lettres d'amour qui lui ont fait aimer Christian, elle murmure : « Et pendant quatorze ans, il a joué le rôle d'être le vieil ami qui vient pour être drôle. »

Alors que Genet se cache dans les livres pour éviter les relations et apprend les mots pour en faire des armes de haine, Depardieu, lui, plonge dans les mots des autres pour faire ses propres déclarations d'amour : « Il n'y avait personne pour me donner la parole. [...] Toi, tu m'as poussé dans les airs des mots... qui n'existent que pour toi... Je t'aime[10] ! »

Romain Gary, lui aussi, se sert des mots pour échapper au réel insupportable de l'antisémitisme quotidien en Pologne. Dans un monde sans père, sa mère, bouillante couturière, vulnérable et théâtrale, se fait escroquer par les clientes bien-pensantes qui s'arrangent pour ne pas payer à une Juive les robes qu'elle a confectionnées. Le jeune Romain vole à son secours avec des mots qui bâtissent mille mondes imaginés pour rendre sa mère heureuse[11].

---

9. Depardieu G., *Ça s'est passé comme ça*, op. cit., p. 149.
10. « Lettre de Gérard Depardieu à Ghislaine Thesmar », in G. Thesmar, *Une vie en pointe*, Paris, Odile Jacob, 2018, p. 7-8.
11. Gary R., *La Promesse de l'aube*, Paris, Gallimard, 1960.

CHAPITRE 19

LE GAVAGE AFFECTIF
ÉTEINT L'ATTACHEMENT

Quand il n'y a pas d'Autre à aimer, on se replie sur soi. Mais quand on aime un Autre et qu'il vient à manquer, il faut des mots pour combler le vide et établir des passerelles entre les mondes mentaux. Cela explique pourquoi « la fréquence de l'orphelinage ou des séparations précoces dans les populations créatives est un fait frappant[1] », à condition de ne pas confondre isolement affectif et orphelinage. Dans l'isolement affectif tout s'arrête, le cerveau s'éteint, l'affect s'assèche, le monde mental se vide, pas de créativité dans cette agonie. Alors que dans l'orphelinage, il y a une empreinte affective. L'enfant a été aimé, il a démarré un monde mental qui soudain se vide, créant ainsi un sentiment de perte. Il y a quelque chose à combler, vite un récit pour évoquer ce qui a disparu, mais reste encore vivant dans la mémoire. « Sur trente-cinq écrivains français des plus célèbres du

---

1. Haynal A., *Dépression et créativité*, Meysieu, Cesura Lyon Édition, 1987, p. 159.

xixᵉ siècle [...], dix-sept ont subi la perte, mort ou séparation, de l'un ou des deux parents : Balzac avant l'âge de 7 ans, Gérard de Nerval (mère décédée alors qu'il avait 8 ans, père militaire absent), Victor Hugo (séparé du père jusqu'à 9-10 ans), Renan (à 5 ans, décès du père), Rimbaud (à 6 ans, séparé du père), Sainte-Beuve (père décédé avant sa naissance), George Sand (à 4 ans, décès du père), Dumas père (à 4 ans, décès du père), Dumas fils (séparé du père jusqu'à 7 ans), Benjamin Constant (à 3 semaines, décès de la mère), Stendhal (à 7 ans, décès de la mère), Huysmans (à 8 ans, décès du père), Maupassant (à 10 ans, séparé du père), Loti (à 20 ans, décès du père), Vigny (à 19 ans, décès du père)[2]. » Ajoutons en vrac, tellement les orphelins écrivains sont nombreux, Baudelaire, les sœurs Brontë, Dante, Rousseau, Poe, Tolstoï, Voltaire, Byron, Keats, Swift, Dostoïevski, Edgar Morin et des milliers d'autres enfants négligés, rejetés ou illégitimes qui tous ont combattu la perte avec des mots écrits[3].

Une perte sans mots est un gouffre sans fond. Les récits qu'on construit pour remplir ce vide créent un sentiment d'existence, malgré tout. Un enfant né hors mariage souffre énormément quand sa culture raconte qu'il est né d'une errance sexuelle désignée par le mot « bâtard ». Mais, depuis qu'aujourd'hui la majorité des enfants vient de parents paisibles et non mariés dans une culture qui n'impose plus le mariage, on ne peut

---

2. *Ibid.*, p. 159-160.
3. Goertzel M. G., *The Technique of Psychoanalytic*, New York, University Press, 1962.

plus dire qu'ils sont nés d'une sexualité hors société. La notion de faute disparaît. Ce qui revient à dire que la représentation de soi dépend des récits du contexte.

L'acquisition d'un style affectif est soumise à une pression dont on prend mal conscience, qui active ou éteint le système d'attachement. La peur stimule l'attachement parce qu'elle nous jette dans les bras d'une base de sécurité[4]. Quand un objet ou une situation nous inquiète, notre réaction consiste à vite chercher la proximité avec un être sécurisant, on se blottit contre notre mère, notre première figure familière qui prend ainsi la fonction d'un tranquillisant naturel. Avec la maturation neurologique et psycho-affective, notre espace s'élargit et laisse apparaître d'autres figures sécurisantes : notre père, notre nounou, notre conjoint, un prêtre, une personne de confiance qui peut à son tour prendre un effet apaisant. L'événement qui provoque le besoin d'attachement sécurisant, c'est la perception d'un danger dans le monde extérieur. Ce danger peut être réel comme un prédateur, un escalier, une prise électrique ou un aliment toxique. Mais un enfant apprend ce qui est dangereux en observant la réaction émotionnelle de la figure d'attachement.

Il n'est pas rare que la base de sécurité soit elle-même effrayée. Dans ce cas, l'enfant effrayé se jette dans les bras d'une figure d'attachement effrayée-effrayante. C'est ainsi qu'on peut expliquer la contagion des émotions dans les dyades mère-enfant, dans les couples et

---

4. Kobak R., « The emotional dynamics and disruptions in attachment relationships », *in* J. Cassidy, P. R. Shaver (dir.), *Handbook of Attachment, op. cit.*, p. 35.

même dans les groupes où chacun, affolé, affole son voisin.

L'attachement n'est donc pas une réponse stable comme une clé dans sa serrure. La proximité ne suffit pas pour sécuriser et dynamiser un enfant, il faut aussi que cette présence soit elle-même en paix pour que l'enfant ressente la paix. L'attachement est un lien malléable qui résulte de la transaction entre un sujet en cours de maturation et la structure de son entourage. Il faut souligner que « l'attachement n'est plus activé dès qu'il est satisfait[5] ». Ce qui revient à dire que plus on sécurise nos petits, moins ils s'attachent. Il arrive qu'ils soient tellement rassasiés qu'ils paraissent indifférents, ce qui détache le parent. Bien sûr, l'inverse est plus fréquent. Dans les familles en difficulté, dans les cultures instables, l'enfant insécurisé s'affole au moindre événement, ce qui affole le parent.

Une existence normale ne manque pas d'épreuves pour activer l'attachement :

• Besoin intense d'attachement : lors de deuils, de ruptures affectives, de bouleversements sociaux ou de rêves détruits, l'Autre, pour être sécurisant, doit être présent. On le prend dans nos bras, on l'étreint, on pleure, on parle.

• Besoin moyen d'attachement : un moment difficile, une attente de résultats d'examen, un enfant isolé qui a peur de s'endormir. Un message, un mot de l'Autre peut suffire à transmettre un lien

---

5. Cassidy J., « The nature of child's ties », *in* J. Cassidy, P. R. Shaver (dir.), *Handbook of Attachment, op. cit.*, p. 6.

sécurisant : « Maman va revenir... » ou « Ne t'inquiète pas, ça va marcher... »

• Nul besoin d'attachement : le jeune est devenu si affirmé qu'il ne craint rien. Il n'a plus besoin de preuves d'affection. Il s'autodétermine, ce qui peut l'isoler ou le mettre en danger.

La peur est une réaction adaptative qui facilite la survie. Un sujet paisible donne l'apparence d'une personne peu influençable. Dans son esprit l'Autre existe, mais la contagion émotionnelle est moins possible. Le tranquille reste lui-même quand la tempête souffle autour de lui. Il se représente la souffrance des autres, il cherche à les aider sans se laisser embarquer dans leur adversité. Il éprouve une empathie, mais pas forcément une sympathie. Il ne souffre pas avec lui, ne plonge pas dans la mélancolie ou dans la haine quand l'Autre est mélancolique ou haineux.

Un sentiment intime est imprégné en nous par la structure du milieu. Quand la société est en paix et quand l'État est une nounou, l'attachement peut être vécu comme une entrave : « Maman, tu m'étouffes, lâche-moi les baskets. » Lors de mon séjour à Doha (Qatar), j'ai été frappé par la disqualification des pères. Les mères gardaient un petit privilège affectif, on ne pouvait pas tout se permettre avec elles, on ne pouvait pas leur faire trop de mal quand même ! Mais les pères ! Peu présents, ils existaient dans l'esprit des enfants sous forme de groupes d'hommes jouant dans les champs de courses, sur les gradins de stades de football et cherchant à séduire leur fils âgé de 14 ans en lui offrant une Mercedes. On n'a pas besoin d'un père dans ces conditions. L'État satisfait tous les besoins sociaux, construit de belles écoles fleuries de bougainvillées, d'excellents hôpitaux et donne des bourses à chaque membre de la famille. Dans un tel contexte, quelle est la fonction du père ? Comment le définir ? Ça sert à quoi ? Quand je voyais les enfants parler gentiment à une femme voilée et ignorer les pères, je pensais aux mineurs de fond, à l'époque où l'industrie du charbon structurait la société. Les femmes héroïsaient ces pères qui descendaient à la mine à 5 heures du matin, pour y travailler dix à douze heures par jour, dans le noir, par 45 °C, dans la poussière de charbon, avec de temps en temps le récit d'un coup de grisou, d'un effondrement de galerie ou d'un ancien de 50 ans qui n'en finissait pas de mourir de silicose. Dans un tel contexte technique, le courage de ces hommes et leur générosité offraient aux enfants un modèle identificatoire magnifique et angoissant : « Quand je serai grand, aurai-je la force et le courage de vivre ainsi ? », pensait le petit garçon qui descendait à la mine dès l'âge de 12 ans ! Le besoin d'attachement était intense : il fallait admirer son père pour se préparer à vivre ainsi, il fallait aimer sa mère et la vénérer pour lui offrir son travail en échange d'une affection sécurisante. Le besoin d'attachement est moins fort quand il suffit d'accompagner son père au football, d'apprendre à dresser un faucon et de se faire servir par les « esclaves » venues des pays orientaux.

CHAPITRE 20

CE N'EST PAS L'AMOUR QUI SÉCURISE, C'EST L'ATTACHEMENT

Ce mode de raisonnement systémique discrédite les causalités linéaires. On ne peut plus dire : « Il est méchant parce qu'on a été méchant avec lui », quand la clinique nous apprend que les enfants maltraités cherchent souvent à protéger leurs parents. On ne peut plus dire : « L'amour va tout régler » quand on sait qu'il peut étouffer et priver de liberté l'être aimé. Mais on peut comprendre pourquoi tant de couples sont solidarisés dans un contexte social difficile qui intensifie le besoin d'attachement et pourquoi les enfants stigmatisés « bâtards » s'attachent intensément à leur mère rejetée par la culture.

Les événements sociaux structurent le contexte qui structure le monde intime des sujets qui y vivent.

Gil Tchernia ne sait pas qu'il est juif quand, à l'âge de 5 ans, il est arrêté avec sa mère et son frère. Quand ils sont emprisonnés à Drancy, sa niche affective change peu, puisque dans ce milieu inquiétant il garde le contact avec une mère médecin, forte, chaleureuse et sécurisante[1]. Peut-être même que, dans ce contexte étrange où de nombreuses personnes manifestaient des signes d'angoisse, l'attachement pour sa mère était activé ; son pouvoir sécurisant était plus que jamais nécessaire. Quand, à la fin de la guerre, Gil retrouve sa famille, elle a traversé la guerre sans trop de blessures, ils ont surmonté une épreuve et n'ont pas subi un traumatisme, ils sont restés eux-mêmes, ont affronté l'adversité et pris conscience que leur solidarité a renforcé l'attachement.

J'ai entendu le mot « juif » pour la première fois la nuit de mon arrestation. J'avais 6 ans. Il n'y avait plus de famille autour de moi. Mon père s'était engagé dans l'armée française (régiment de marche de volontaires étrangers). Les jeunes et les femmes étaient entrés en résistance chez les FTP-MOI[2]. Et le reste de ma famille était déjà à Auschwitz. Il n'y avait aucune base de sécurité autour de moi. Ce fut un vide affectif total, une mort imminente qui a duré jusqu'à la Libération. Mais un énorme facteur de protection m'a été offert : une niche sensorielle sécurisante composée par une cascade de Justes qui se relayaient pour me protéger. La sensation de mort imminente était extérieure à cette niche, dans le monde des nazis et de la Gestapo que je considérais comme des traîtres non français.

---

1. Gil Tchernia, communication personnelle, avril 2014.
2. FTP-MOI : francs-tireurs et partisans, main-d'œuvre immigrée. Groupe de résistants juifs très actifs, rendus célèbres par l'Affiche rouge (placardée sur les murs par les nazis), où les résistants, condamnés à mort, étaient dirigés par un Arménien, Manouchian. Mon oncle Jacques Szmulewitch en fut un membre très actif.

Paradoxalement la souffrance traumatique est survenue après la guerre, pendant plusieurs années d'isolement, d'enfermement, de brisures relationnelles, de changements répétés d'institutions parfois maltraitantes qui rendaient impossible le tissage d'un lien. Dans ce fracas j'ai rencontré quelques braises de résilience : le courage et la générosité des Justes dont Marguerite Lajugie (Margot Farges) fut le pilier affectif et protecteur. Jusqu'à ce que Dora, la sœur de ma mère disparue à Auschwitz, m'offre à son tour une stabilité affective. J'étais alors âgé de 10 ans, ma personnalité s'était construite dans ce chaos social. Une série de déchirures l'avait rendue brinquebalante, parfois gaie et bavarde, souvent sombre et muette. Impossible d'en parler. Le silence évitait la souffrance et l'incompréhension, mais, en me protégeant ainsi, il empêchait la résilience. Il m'aidait comme un plâtre sur une jambe cassée : ça soigne, mais ça empêche de marcher.

Pour Gil Tchernia, il en fut autrement. L'enfant avait autour de lui une famille retrouvée, dans un nouveau logement, pour un nouveau départ. « On en a parlé plusieurs fois, à l'occasion[3] », comme ça, quand ça venait. On parlait en confiance d'un souvenir qui aurait dû être déchirant. Cette famille évitait ainsi les deux dangers qui menacent la mémoire : ne jamais en parler ou trop en parler. Après la guerre Gil, ayant retrouvé ses bases de sécurité, a pu reprendre des études et devenir professeur de médecine. Mais son épreuve

---

3. Communication personnelle, 2014.

d'enfant l'avait rendu sensible aux crimes sociaux. Il s'est toute sa vie engagé pour lutter contre la colonisation et le racisme.

J'étais dans l'impossibilité d'en parler : pendant la guerre on m'avait dit que j'allais mourir si je parlais. À la Libération on ne m'a pas cru, on m'a fait taire, on m'a expliqué que mes parents avaient dû commettre de grands crimes pour subir de telles souffrances et, même, on a ri de mon trauma. Puisque je ne pouvais pas avoir de paroles partagées, je me suis adapté par une sorte de clivage : une partie bavarde de ma personnalité ne parlait que de ce que les autres étaient capables d'entendre, et une autre partie s'organisait autour d'une vacuité, une crypte silencieuse d'où la lourde pierre tombale se soulevait à peine.

La seule permanence qui restait dans mon âme était celle de la rêverie. Puisque les mots parlés n'étaient pas entendus, les mots écrits me permettaient de réfléchir à ce qui m'était arrivé. En m'adressant au lecteur bienveillant qui saurait me comprendre, je m'exprimais, je lui parlais à bouche fermée. En donnant forme à la tragédie, j'en maîtrisais la représentation. C'est moi qui désormais reprenais en main, reprenais en mots, le fracas qui avait détruit ma famille, m'avait dépersonnalisé et chassé de la culture.

Dès l'âge de 10 ans, je me suis entraîné à écrire des scénarios rêvés que j'adressais à l'ami invisible qui saurait les comprendre. En écrivant, en raturant, en gribouillant des flèches dans tous les sens, je fabriquais sur le papier une base de sécurité que je pouvais voir et palper. Un objet d'écriture matérialise la pensée et mon monde écrit n'était plus coupé de la réalité. Au contraire même, il s'en inspirait pour faire apparaître une histoire édifiante, celle d'un petit garçon emprisonné à l'âge de 6 ans et condamné à mort, il ne savait pourquoi. Un jour, il a pu s'échapper. Perdu dans la rue, il a rencontré des inconnus extraordinaires qui l'ont protégé et lui ont appris à triompher des malheurs que la société avait mis sur son chemin.

Vous remarquerez que ce scénario constitue la trame d'un grand nombre de romans, de films ou d'essais qui travaillent à donner sens aux drames de l'existence. À peine un témoignage intime est-il rendu public qu'il se transforme en mythe, plus facile à comprendre parce qu'il donne à voir le monde à travers une loupe qui réduit le champ visuel et accentue les traits.

Voilà, me direz-vous, il suffit d'écrire pour ne plus être malheureux. Méfions-nous des explications trop claires : en simplifiant les images, elles arrêtent la pensée. Puisqu'il est écrit que la proximité sécurise et que la séparation angoisse, il suffirait de placer autour de l'enfant blessé deux ou trois adultes pour que tout aille mieux. Ce n'est pas suffisant, il faut surtout que cette présence soit accessible à l'enfant. Un corps mort n'est pas sécurisant, une mère perdue dans sa brume intérieure n'est pas une présence puisqu'elle ne répond pas au besoin d'attachement de l'enfant. À l'inverse, je connais des mères absentes dont l'enfant est fier. Pour elle, il dessine un cœur ou écrit un poème qu'il espère lui donner à son retour. Elle n'est pas dans le contexte physique, mais elle vit intensément dans le psychisme de l'enfant où elle compose une « image identificatoire qui le sécurise[4] ».

---

4. Kobak R., « The emotional dynamics and disruptions in attachment relationships », *op. cit.*, p. 29.

CHAPITRE 21

QUAND ON NE SAIT PAS ÊTRE HEUREUX

Une femme a marqué la réflexion sur la protection de l'enfance. Alice Miller a fait partie de ces pionniers qui ont dénoncé la maltraitance[1] à une époque où les récits culturels (romans, films et travaux universitaires) ne parlaient que de mamans-gâteaux et de papas-pélicans : « L'inceste est un fantasme de petite fille qui veut séduire son père », affirmaient certains grands noms de la psychanalyse. Ces stéréotypes furent difficiles à contrecarrer[2]. Inspirés par l'éthologie, les travaux sur l'attachement démontraient que l'appauvrissement des interactions précoces, dès les premiers mois de l'existence, altérait fortement le développement des petits[3] et finissait par éteindre toute affectivité[4].

---

1. Miller A., *Le Drame de l'enfant doué*, Paris, PUF, 1983 ; *C'est pour ton bien*, Paris, Aubier, 1985.
2. Straus P., Manciaux M., *L'Enfant maltraité*, Paris, Fleurus, 1982.
3. Bowlby J., *Attachement et perte*, Paris, PUF, 3 tomes, 1978-1984.
4. Cyrulnik B., *Mémoire de singe et paroles d'homme*, Paris, Hachette, 1983, p. 122-126.

L'époque des années 1980 était propice à la dénonciation de la maltraitance et de ses effets durables. Alice Miller a intensément participé à ce mouvement. Avec un caractère bien trempé, elle a posé un problème déconcertant : comment cette femme, si utile à la cause des enfants, a-t-elle pu être si insécurisante pour ses propres enfants ? Son fils a cherché à comprendre[5].

Alice est née à Lvov (Pologne) en 1923 dans une famille juive pratiquante. Très tôt, elle manifeste une personnalité opposante. Elle n'accepte pas les rituels et les croyances de la religion de ses parents. Son père s'éloigne, sa mère se crispe et la relation devient douloureuse : « Ma mère fut cruelle, destructrice, abusive. […] Elle a systématiquement détruit en moi l'amour et la vie[6]. » La prescription biblique « tu honoreras ton père et ta mère » signifie pour elle « tu dois te soumettre à la loi de tes parents, toute éducation est une répression ». Alice était une petite fille très insécure qui ne se sentait bien qu'à l'école. Elle se retirait dans sa chambre et lisait ses livres chéris. Elle n'avait pas d'amis et ne voulait pas jouer avec d'autres enfants. On la décrivait comme arrogante. S'ajoutait à cela une méfiance envers autrui qui l'empêchait de tisser tout lien social : « Lorsque l'enfant est négligé dans la sphère privée (famille), l'école peut avoir une fonction de suppléance face aux inadéquations familiales, aux carences et aux maltraitances[7]. »

---

5. Miller M., *Le Vrai « Drame de l'enfant doué »*. *La tragédie d'Alice Miller*, Paris, PUF, 2014.
6. « Lettre d'Alice Miller à son fils », *in* M. Miller, *Le Vrai « Drame de l'enfant doué »*, *ibid.*, p. 8.
7. Anaut M., *Psychologie de la résilience*, Paris, Armand Colin, 2015, p. 13.

En novembre 1938, Alice est à Berlin où son père est banquier quand la Nuit de cristal tue des centaines de Juifs, emprisonne plus de 30 000 personnes, brûle presque toutes les synagogues et pille tous les commerces. La jeune fille demande à ses parents de se réfugier en Palestine, ils préfèrent rentrer en Pologne. Quand la guerre éclate en 1939, le père disparaît, et Alice prend en charge sa mère et sa sœur, malgré leurs relations tendues. Elle parvient à sortir du ghetto pour vivre dans la « ville aryenne », mais elle doit prendre un faux nom pour ne pas être dénoncée. Le nom qui la protège sera Alice Rostovska et non plus Alicija England, son nom d'enfant qui la désigne aux persécutions. Elle est repérée par un Polonais qui la fait chanter, la menace et l'humilie. Alice dit : « Par peur de la mort, je devais totalement ignorer qui j'étais, […] j'avais peur d'être reconnue comme juive et tuée par les nazis, […] j'étais devenue une personne factice[8]. »

Après la guerre, elle parvient à aller en Suisse où elle entreprend des études de philosophie. Elle se laisse courtiser par Andrzej Miller, met au monde Martin en 1950 et Julika, petite fille trisomique en 1958.

Le jeune couple ne sait pas être heureux. Ils ne font que travailler à leurs thèses, en silence, face à face sur la même table. Le père étudie nuit et jour pour devenir professeur de sociologie. Alice fait quelques traductions et commence une formation en psychanalyse. Le bébé Martin survit dans ce foyer inerte, habité par deux adultes immobiles, silencieux et sans chaleur affective.

---

8. Miller M., *Le Vrai « Drame de l'enfant doué »*, op. cit., p. 50-51.

Le bébé refuse de prendre le sein, ce qui blesse Alice, qui se sent rejetée. Un bébé tête mieux quand sa mère le regarde, lui parle ou joue avec lui. Dans les bras d'une mère éteinte, un bébé s'éteint. Peu stimulé, il ne tète pas[9]. Alice ne voit pas que le petit se trouve en situation de grand appauvrissement affectif. Son état s'altère au point que sa sœur, Ala, doit venir le prendre : « Si nous n'étions pas allés te chercher, tu serais mort[10]. » Dans le foyer de sa tante, Martin reprend vie, mais garde dans sa mémoire une trace de son isolement des premiers mois.

Une mère peut être physiquement présente et sensoriellement absente quand elle n'interagit pas avec le bébé. Placé dans un home d'enfants, Martin vivote. Il est mauvais élève puisqu'il n'a pas pu acquérir le plaisir d'apprendre. Ce sont des employées de maison qui ont réveillé l'intellect de Martin : « Mes parents restèrent pour moi des étrangers[11]. » Quand il revient chez lui, sa mère chasse les nurses, qui l'importunent. Son père bat l'enfant en présence d'Alice, qui le laisse faire. Le petit demande à aller en internat, où il rencontrera des amis, se sentira en sécurité et reprendra un bon développement : « Je m'y sentais plus libre qu'à la maison. » Sauvé par des étrangers, c'est dans son foyer parental que Martin se sent étranger.

Alice Miller est venue à un colloque sur la résilience à Hyères. Quand je l'ai rencontrée, j'ai été frappé par son visage triste, son regard évitant et sa voix qui

---

9. Mazet P., Stoléru S., *Psychopathologie du nourrisson et du jeune enfant*, Paris, Masson, 1998.
10. Miller M., *Le Vrai « Drame de l'enfant doué »*, op. cit., p. 24.
11. *Ibid.*, p. 124.

a murmuré : « Avec votre résilience, vous allez détruire notre travail sur la maltraitance. » J'ai souvent entendu cette critique qui, pour moi, signifie que si les traumatisés s'en sortent, leur amélioration risque de relativiser le crime de l'agresseur : il faut montrer à quel point nous sommes victimes afin de légitimer notre riposte agressive. Après de longues explications elle a fini par dire : « Bon, si la résilience c'est ça, je veux bien. » Elle m'a invité chez elle dans sa maison à Saint-Rémy-de-Provence où nous parlions des après-midi entiers, de théories surtout, jamais de notre histoire si proche. Le soir, quand je rentrais chez moi à La Seyne, elle me téléphonait pour continuer l'entretien. On se revoyait, elle attachait beaucoup d'importance à sa peinture, nous bavardions de longues heures, puis elle me téléphonait à nouveau. Pendant cette période elle n'a pas critiqué la résilience.

Mais dès que nous cessions de parler, elle mettait sur Internet de vifs reproches. Une paranoïaque n'aurait pas changé d'opinion, elle se serait tue, m'aurait regardé d'un air méchant, puis m'aurait agressé pour se défendre. Elle n'a rien fait de tout ça. J'ai eu l'impression qu'elle était tellement insécure que toute donnée nouvelle lui faisait l'effet d'une agression. D'ailleurs, elle ne lisait pas les livres des autres, elle n'allait plus dans les réunions de psychanalystes, elle prenait son magnéto, partait seule dans la campagne provençale, réfléchissait à voix haute, puis donnait les enregistrements à une secrétaire. Ses principales sources d'information étaient sa propre enfance et celle des patients qui venaient la consulter pour des histoires de maltraitance. Elle ne pouvait ainsi que confirmer ce que sa terrible enfance lui avait appris à voir.

Elle avait une seule théorie, totalement explicative : la Seconde Guerre mondiale avait été provoquée parce que Adolf Hitler avait été battu par son père. La délinquance, la drogue, la guerre du Kosovo, le comportement de Milosevic, l'ancien président serbe, condamné pour crime contre l'humanité, toutes ces personnes étaient violentes parce qu'on avait été violent avec elles. « Les guerres du Proche-Orient ne cesseront jamais parce que les hommes sont circoncis », me disait-elle.

J'ai donc fait une enquête et j'ai découvert sans peine que Milosevic n'a jamais été battu, j'ai rencontré au Proche-Orient de nombreux circoncis qui souhaitaient la paix, j'ai accompagné des enfants maltraités qui m'ont expliqué que le slogan « un enfant maltraité deviendra un parent maltraitant » les avait désespérés. Tim Guénard, incroyablement battu, m'a dit que ces mots lui avaient fait plus de mal que les coups de son père[12]. Depuis qu'on entoure ces enfants au lieu de les abandonner à leur sort, ils ne répètent plus la maltraitance[13]. Si Alice a répété la négligence affective dont elle a tant souffert, c'est parce qu'elle n'a jamais été soutenue. Personne ne l'a aidée à déclencher un processus de résilience, ni sa famille qui la rejetait, ni ses amis qui la fuyaient, ni sa mère qui la détestait, ni la

---

12. Guénard T., *Plus fort que la haine*, Paris, J'ai lu, 2000.
13. Dumaret A.-C., « Vivre entre deux familles, ou l'insertion à l'âge adulte d'anciens enfants placés », *Dialogue*, 2001, 152, p. 63-72

psychanalyse, devenue selon elle une secte dogmatique avide de pouvoir. Seule, elle se sentait soulagée. Elle s'est réfugiée dans l'écriture ou plutôt dans un soliloque enregistré, puis dans Internet où les communications se font sans aucune relation : « Son traumatisme n'a jamais été travaillé[14]. »

Alice a tenté d'élaborer ses souvenirs de guerre pendant ses terribles années à Varsovie. Mais elle n'a pas osé dire « je », elle n'a pas affronté son passé sous le regard des autres, elle a choisi des héros pour en faire ses porte-parole. Enfant cachée pour ne pas mourir, cachée derrière le faux nom de Rostovska, elle a continué à se cacher derrière des personnages dont elle a raconté l'histoire[15]. Cette écriture-masque lui a permis de défendre ses thèmes. « Hitler avait un grand-père juif qui souillait sa généalogie », disait-elle, ce qui explique l'importance de la parenté dans les théories raciales nazies ; tous les gourous, les dictateurs ont été des enfants maltraités ; on ne sort pas de son enfance... Elle se cachait dans cette écriture. Elle n'a pas créé un nouveau monde sur le papier, n'a pas comparé les aventures de vie, n'a imaginé aucune solution. Au contraire, elle a creusé son sillon, approfondi son malheur, en exacerbant sa mémoire traumatique. Impossible de changer de point de vue, toute son énergie était consacrée à justifier sa souffrance et celle de tous les maltraités de la terre. Elle décrit la « pédagogie noire[16] » où elle

---

14. Miller M., *Le Vrai « Drame de l'enfant doué »*, op. cit., p. 148.
15. Miller A., *Chemin de vie*, Paris, Flammarion, 1998.
16. Expression de Katharina Rutschy (1941-2010), éditrice d'Alice Miller.

explique que, pour les parents, l'enfant est un ennemi dont il faut venir à bout au moyen de l'éducation : « C'est pour ton bien que je te frappe[17] », fait-elle dire aux parents. « Alice Miller n'a pas réussi à rompre le silence et le cercle vicieux de la violence[18]. » Elle s'isolait pour passer sa thèse et se coupait du monde au point de ne pas voir que son bébé dépérissait à ses côtés. Elle se cloîtrait affectivement auprès de son mari, elle a pu vivre vingt-quatre ans auprès d'un homme qu'elle n'a jamais aimé. Elle s'isolait pour écrire, au lieu de confronter ses idées avec des amis ou des opposants. Elle s'est jetée dans Internet pour y mettre ses pensées redondantes et pour donner à ses correspondants invisibles des conseils répétés. Seule, toujours plus seule, prisonnière de son passé.

En fait, Alice répondait à un modèle interne opératoire[19]. Quand un style d'interaction devient inaccessible à la conscience tant il est automatique, il tisse un attachement pathologique qui résiste à tout changement. La mère se méfie de l'enfant qui se méfie de la mère. Chacun renforce l'autre sans se rendre compte qu'il participe au tissage d'un lien évitant qui empêche le plaisir de la rencontre.

Les témoins de l'enfance d'Alice attestaient d'une bonne enfance : « Elle a été gâtée [...]. Elle n'a souffert d'aucune restriction maternelle [...], elle était même

17. Miller A., *C'est pour ton bien*, *op. cit.*
18. Schubbe O., « Briser le mur du silence », postface *in* Miller M., *Le Vrai « Drame de l'enfant doué »*, *op. cit.*, p. 183-184.
19. Goldberg S., Muir R., Kerr J., *Attachment Theory*, Londres, The Analytic Press, 2000, p. 67.

dispensée des tâches ménagères [...]. Ni ses parents ni sa petite sœur, qui avait des rapports sans conflit, ne comprenaient cette petite fille coléreuse[20]. »

À force de s'opposer, elle finissait par s'isoler. À force de tout expliquer par une seule cause, elle clôturait son esprit. Elle s'était pourtant intéressée aux théories de l'attachement. Elle écrivait comme on creuse un puits, toujours dans la même direction, si bien qu'elle croyait que la maltraitance des enfants était l'unique cause de toutes les souffrances individuelles et sociales. Elle pensait que son existence était désolation parce que sa mère l'avait maltraitée. Elle se servait de l'enfance d'Adolf Hitler pour illustrer cette idée. Sa notoriété était si grande, ses thèses étaient tellement appréciées que cette affirmation est devenue un stéréotype culturel. Jusqu'au jour où les archives de Berlin ont été rendues publiques et où les historiens ont découvert des documents qui ont nuancé cette représentation.

Alois, le père d'Adolf, était le fils illégitime d'Anna Schicklgruber et de Johann Nepomuk Hiedler. Ses origines sont troubles, il y a un parfum d'inceste dans cette famille rude et peu cultivée[21]. Hitler s'est toujours arrangé pour cacher et falsifier sa généalogie qui n'était pas « pure race ».

Alois était le type même du fonctionnaire, tatillon, assidu au travail, strict, économe et imbu de lui-même. Très apprécié par la communauté locale, il se sentait

---

20. Miller M., *Le Vrai « Drame de l'enfant doué »*, *op. cit.*, p. 44-45.
21. Kershaw I., *Hitler, 1889-1936*, Paris, Flammarion, 1998, p. 44.

mal à l'aise chez lui où il était distant et irascible. Adolf l'exaspérait, car le petit garçon pleurnichard, manipulateur et mauvais élève n'était pas capable de préparer les concours de l'administration douanière où son père excellait. Sa mère, Klara, compensait l'affection dont les enfants manquaient auprès de leur père. Elle avait perdu ses trois premiers enfants en bas âge et le cinquième, mort de la rougeole à 6 ans. Elle avait surinvesti Adolf, le quatrième enfant : « Affection étouffante, dévotion protectrice dont elle entoure ses deux survivants [...] Adolf et Paula [...]. Sa mère pourrait bien être la seule personne qu'il ait aimée au cours de sa vie entière[22]. » Le médecin juif de la famille, Eduard Bloch, dit : « Je n'ai jamais vu d'attachement plus grand[23]. » Ces documents décrivent l'enfance confortable d'Adolf, servi par sa mère, sa sœur et sa tante Johanna. Ces trois femmes protégeaient l'enfant quand son père lui flanquait des dérouillées. C'est ainsi qu'on élevait les garçons en Europe à cette époque. Les mères obtenaient l'obéissance des enfants en donnant à leur mari l'autorité d'un père fouettard : « Si tu ne m'obéis pas, je le dirai à papa et tu vas voir la raclée. » Certains hommes jouissaient de ce rôle, la plupart en étaient accablés. Il a fallu attendre les années 1970 pour que la maltraitance éducative cesse progressivement d'être une fonction paternelle.

Alice n'avait pas tort, ses travaux ont joué un grand rôle dans la protection des enfants, mais elle a

---

22. *Ibid.*, p. 49.
23. *Ibid.*

fait de son écriture un coffre-fort, un tombeau où elle s'est enfermée. Les suicides ne sont pas rares quand on est prisonnier du passé et qu'un seul thème, une seule image d'horreur, s'empare de notre âme. Alice ne s'est pas suicidée, mais pour son dernier combat, elle a refusé de se soigner, elle a consenti à la mort.

Primo Levi s'est-il suicidé ? Entraîné par une souffrance de plus en plus grande, par une rumination du passé, il est « tombé » dans sa cage d'escalier. On tombe dans les escaliers, mais comment fait-on pour tomber dans la cage ? Bruno Bettelheim, lui, s'est clairement suicidé. L'écriture l'avait aidé à survivre[24], mais il a été emporté par un désir de mort qui le torturait déjà bien avant sa déportation.

Paul Celan[25], Sarah Kofman[26], contraints à l'écriture pour comprendre et moins souffrir, en ont fait un facteur de protection. Pour en faire un facteur de résilience, il aurait fallu qu'ils s'en servent pour construire un nouveau développement. Ce ne fut pas le cas. Figés dans leur passé, ils ne sont pas sortis de leur tombeau psychique.

Hervé Bazin a écrit pour se venger[27], Schwarz-Bart pour changer l'image du Juif-mouton[28], Genet s'est réfugié dans les mots pour en faire des armes érotiques[29],

---

24. Bettelheim B., *Survivre*, Paris, Robert Laffont, 1979.
25. Celan P., « Fugue de mort » (1945), *Choix de poèmes, op. cit.*
26. Kofman S., *Rue Ordener, rue Labat*, Paris, Galilée, 1994.
27. Bazin H., *Vipère au poing*, Paris, Grasset, 1948, et Dupays-Guieu A., « *Vipère au poing*. L'écriture d'une violence intrafamiliale », *Dialogue*, 2010, 187, p. 127-140.
28. Schwarz-Bart A., *Le Dernier des Justes*, Paris, Seuil, 1959.
29. Genet J., *Querelle de Brest*, Paris, Gallimard, 1953.

Depardieu a cherché des porte-parole pour sortir de l'inculture[30] ; ceux-là ont repris un autre développement, mais, tant que la vie n'est pas terminée, le combat reste à mener.

---

30. Depardieu G., *Lettres volées*, Paris, Jean-Claude Lattès, 1988.

CHAPITRE 22

NOUS HABITONS DES MONDES IMAGINÉS

Comment serait le monde, si nous n'avions pas de mots pour le voir ? Dès que nous devenons capables de faire un récit, nous quittons le monde perçu pour habiter un monde parlé et éprouver les sentiments provoqués par ces représentations.

Quand un enfant arrive au monde, il n'a pas encore d'histoire individuelle, mais il a déjà connu un développement dans un milieu sensoriel structuré, bien avant sa naissance, par le langage de ses parents. Vers l'âge de 6 ans, son cerveau est assez développé pour le faire accéder à la représentation du temps. Dès lors, il a besoin de récits pour imaginer la place qu'il devra prendre dans le monde des adultes. Les contes lui présentent des scénarios possibles. Les maîtres-conteurs sont ses parents et leur culture, qui agencent des faits réels et imaginés pour en faire une histoire qui doit charmer l'enfant. Il faut chanter quelques mots pour en faire un scénario qui captive l'enfant en lui annonçant les terribles et passionnantes épreuves qu'il devra affronter.

L'imaginaire enfantin a besoin qu'on lui présente des animaux, des plantes, des étoiles et d'autres petits enfants, soumis comme lui aux gentils et aux méchants. L'imaginaire adolescent se remplit de récits sexuels et sociaux, comment conter fleurette, comment faire évoluer son groupe culturel. L'imaginaire adulte se nourrit de théories familiales et sociales. Et l'imaginaire âgé écrit des mémoires qu'il espère léguer à ses enfants. Ces récits inévitables s'alimentent de fragments de réel qui construisent un imaginaire. Faire un récit, c'est révéler l'intention organisatrice de celui qui, en parlant, désire agir sur l'esprit de celui qui écoute. Désormais le monde est clair : nous voyons le monde qui a été mis en mots. Quand, par bonheur, nous habitons des récits de même famille, nous pouvons vivre ensemble, nous nous comprenons.

Ce qui revient à dire que tant qu'un enfant ne débarque pas dans le monde des mots, il reste soumis aux stimulations du contexte. En se développant, il visite des mondes différents où il découvre d'autres mentalités et d'autres cultures. Dans cette recherche, le jeune adulte est aidé par les romans, les films et les essais qui proposent d'autres arrangements de récits. Ce que nous appelons « fiction » est un mot taquin, une tromperie, une feinte, un artifice de littérature ou de cinéma qui donne une forme réelle à notre imaginaire. En bousculant nos représentations, la taquinerie fictionnelle nous invite à réaménager nos connaissances, comme une création incessante. L'antonyme de « fiction » n'est donc pas « réel », ce serait plutôt « slogan », quand une formule pétrifie la pensée sous forme de certitude. La récitation d'un slogan nous unit pour mieux nous soumettre. Alors que la fiction, en nous décentrant de nous-mêmes, nous invite à visiter d'autres mondes mentaux, à agencer différemment des segments de réel, à calculer d'autres hypothèses. Le travail de la fiction est une sorte de manipulation expérimentale du réel.

Tout récit est donc une bienfaisante trahison du réel, car le réel est fou. Si nous pouvions tout percevoir, nous serions confus, bombardés d'informations insensées, impossibles à associer. Dans un réel chaotique nous ne pourrions adopter aucune conduite cohérente. Incapables de nous adapter, nous serions éliminés. C'est pourquoi nous faisons le ménage, nous agençons des morceaux de réel pour en faire une fiction qui plante dans notre monde intime une image cohérente et oriente notre chemin de vie.

Cette réduction nous permet de survivre. Réduction par les organes des sens : ils sélectionnent une infime fraction d'informations possibles. Réduction par notre cerveau : un cerveau humain ne perçoit pas le même monde qu'un cerveau de chat ou d'hirondelle de mer. Et surtout, réduction par nos récits qui, en mettant en lumière une saynète de notre histoire, mettent à l'ombre tout ce qui n'est pas dit. Quand nous sommes suffisamment sains pour effectuer ces réductions, nous croyons que ce que nous voyons est la vérité, alors que c'est une construction, un agencement de segments de réel. C'est alors que commencent les tragédies, parce que d'autres humains, dans d'autres circonstances ou d'autres cultures, font le même processus de réduction-construction qui les mène à voir d'autres vérités. Décidément, l'évidence n'est pas évidente, c'est même un piège de la pensée. Pour moins se laisser leurrer, nous disposons de deux outils intellectuels : la manipulation expérimentale et la littérature. La méthode expérimentale permet d'extorquer quelques petits bouts de réel, et la fiction fait le ménage en composant un récit pour âmes bousculées.

Toute vision du monde est un aveu autobiographique, dans la mesure où l'auteur ne raconte que ce à quoi il a été rendu sensible. Il n'a pas vu ce qui n'a pas été parlé. Mais la connotation affective de l'événement raconté dépend de l'intention que l'auteur veut donner à son récit. S'il veut se venger, il peut, sans mentir, ne choisir que des bouts de vérité qui vont légitimer sa vengeance. S'il se laisse fasciner par un événement traumatisant, il évoque sans cesse la scène terrifiante, se plaçant lui-même sur le tapis roulant du psychotraumatisme. Mais s'il veut s'en sortir, il doit se décentrer de l'événement qui l'a frappé pour en faire une représentation remaniée. Il peut s'entraîner à théoriser le trauma, en comparant les populations traumatisées qui ont connu des évolutions différentes. Il peut découvrir le monde mental d'un Autre, traumatisé comme lui, ayant eu des réactions différentes. Cette épistémologie scientifique (chiffrer les évolutions différentes de deux populations traumatisées) ou littéraire (lire comment une autre personne a réagi autrement) a un effet de prise de conscience, d'objectivation du trauma, de mise hors de soi d'un objet rendu observable par la méthode expérimentale ou par la littérature.

Une telle attitude scientifique ou littéraire mène à penser que celui qui prétend dire toute la vérité ne dit rien de la vérité. La vérité unique n'est que récitation, clonage intellectuel qui solidarise ceux qui pensent de même. En revanche, dès qu'il y a deux, il y a altérité, il y a différence, débat, argumentation et histoire de la pensée : « Un a toujours tort, la vérité commence à deux[1]. » C'est du décentrement de soi que naît la conscience, alors que le centrement sur soi encourage la répétition, le ronron qui mène à la sieste de l'intellect. Rien à comprendre puisque tout a déjà été compris. La pensée clonale est un leurre agréable, la chorale des perroquets unis par la symphonie des slogans crée un sentiment d'appartenance, la familiarité des « tous ensemble… tous ensemble » euphorise les récitants et arrête la pensée.

À l'opposé, quand on cherche à comprendre, on brise l'harmonie, on désunit souvent. Les milieux littéraires et scientifiques sont conflictuels. Pour écrire un roman, il faut plonger au fond de soi et en sortir un récit qui espère rencontrer un lecteur enchanté par cette histoire. Pour faire un travail scientifique il faut innover, mettre dans le groupe une vision de l'objet qui n'existait pas avant, l'innovation bouscule les certitudes et provoque l'hostilité de ceux qui aiment ronronner. Les narrations convenues, les récitations, facilitent la carrière en séduisant le patron et renforcent les habitudes du groupe qui empêchent le changement.

---

1. Ouaknin M.-A., « L'art de la "Mahloket" », *Tenou'a*, printemps 2018, 171, p. 9.

A-t-on besoin des deux ? Aucun roman, aucune découverte ne se sont faits à partir de rien. C'est toujours à partir de quelque chose qu'on part pour autre chose. Il faut accepter les désaccords pour faire évoluer la pensée. Certains adorent ces débats, d'autres les ressentent comme des agressions qui mettent en question l'harmonie du groupe et leur propre vision du monde.

CHAPITRE 23

LE THÉÂTRE DES MOTS

Je suis heureux de voir des foules remplir des salles pour assister à des débats. Viennent à ces rendez-vous ceux qui aiment les joutes oratoires, le combat des arguments, l'élégance des beaux parleurs, ou le style des matraqueurs. La « disputation de Valladolid » a été source de romans, de pièces de théâtre[1] et de réflexions scientifiques. Jean-Claude Carrière, scénariste de grand talent et homme de culture, lit régulièrement *La Recherche*, journal scientifique de bon niveau où l'écrivain trouve souvent son inspiration. Il met en scène un énorme événement social qui a posé un problème neurologique et philosophique : en 1492, Cortés, à la tête de quelques mercenaires, d'une trentaine de chevaux et d'un paquet d'armes à feu, détruit l'Empire aztèque et s'empare de son or. Les virus apportés par les conquistadors, les guerres entre voisins olmèques et toltèques et l'intelligence de la polyglotte Malinche, esclave indienne donnée à Cortés, participent à sa

1. Carrière J.-C., *La Controverse de Valladolid*, Paris, Flammarion, 2006.

victoire. En 1550, l'empereur Charles Quint fait de ce succès un problème économique et moral : si on considère que les Indiens ne sont pas des êtres humains, on peut les atteler pour les faire travailler, ce qui est une bonne affaire. On peut même les chasser et les dépecer, ce qui n'est pas immoral. Mais si on pense qu'en tant qu'êtres humains ils sont porteurs d'une âme, on ne peut plus les faire travailler comme des bœufs, on se prive d'une main-d'œuvre bon marché. Leur christianisation pose un problème moral et économique.

Une disputation fut donc organisée dans un couvent de Valladolid où le philosophe Sepúlveda devait affronter le dominicain Las Casas. Le philosophe soutenait que les Indiens n'étaient pas des créatures de Dieu alors que le dominicain admirait leur douceur et leur intelligence qui leur donnait un statut d'être humain à part entière. Ne croyez pas que cet argument soit « moyenâgeux », j'ai eu pour patron, à Marseille, un grand nom de la psychiatrie, aimable et cultivé, qui a publié quelques articles scientifiques où il démontrait que les Arabes avaient un cerveau archaïque qui ne leur permettait pas d'accéder à la civilisation occidentale. À la même époque, à Paris, j'ai eu un autre patron, le neurochirurgien José Aboulker, Juif algérien, qui s'était engagé pour défendre les droits et la dignité des musulmans.

Comme la disputation se voulait objective, on fit venir quelques Indiens et on tenta plusieurs manipulations expérimentales. On brisa devant eux quelques-unes des hideuses statues qu'ils vénéraient. Les Indiens furent indignés, ce qui permit à Sepúlveda d'affirmer qu'ils adoraient des idoles et non pas le Dieu véritable. Puis on appela des bouffons pour voir s'ils étaient capables de rire. Ils restèrent de marbre, ce qui fut la preuve qu'ils n'avaient pas accès au rire qui caractérise la condition humaine. Par bonheur, un prélat, en se précipitant pour empêcher une rixe, se cassa la figure. Les Indiens éclatèrent de rire, fournissant ainsi la preuve qu'ils étaient bien humains.

Depuis cette disputation, on ne sait toujours pas répondre à la question « qu'est-ce qu'un homme ? ». L'attribution du titre dépend des critères dont on se sert. En 1952, Vercors a écrit un roman[2] où des scientifiques partent à la recherche du chaînon manquant, cet être vivant qui établit la jonction entre les singes (primates non humains) et les hommes (primates humains). À partir de quel moment peut-on dire : « C'est un homme ! » ? Le volume du cerveau n'est pas un repère fiable puisque les éléphants et les baleines ont un cerveau plus gros que le nôtre et qu'à l'inverse les oiseaux, avec leur tout petit cerveau, font des performances artisanales et mathématiques surprenantes. Les outils ne sont pas non plus un repère satisfaisant puisqu'un grand nombre d'espèces fabriquent des « marteaux » avec des pierres et tissent des nids, en entrecroisant des lianes et des herbes. Ils lancent des objets comme des projectiles, ils organisent des sociétés où l'on s'entraide, ils résolvent des problèmes, ils tissent des liens éducatifs et affectifs au point même que l'inceste n'est plus une frontière claire puisque les animaux élevés ensemble

---

2. Vercors, *Les Animaux dénaturés*, Paris, Le Livre de Poche, 2007.

évitent d'avoir des relations sexuelles quand ils sont attachés[3].

La parole peut-elle nous attribuer le titre d'homme ? Les animaux comprennent un grand nombre de nos mots, ils peuvent même désigner des choses et inventer des signes quasi linguistiques. Aujourd'hui, on dit qu'ils n'ont pas accès à la double articulation. Ils comprennent « va chercher », qui est une convention sonore désignative, mais ils ne répondent pas à « réembarquons » qui, en quatre phonèmes, veut dire « à nouveau dans une barque ensemble[4] ». Ce débat neurolinguistique est à la source d'un grand nombre d'écrits philosophiques où l'on se demande si cette performance intellectuelle est le résultat d'une évolution naturelle ou d'un dessein de Dieu. Le problème de la frontière entre les hommes et les non-hommes se pose plus que jamais aujourd'hui. Si nous ne cherchons pas à comprendre notre composante animale, nous risquons de donner le pouvoir aux robots[5].

Ce problème de frontière est clair pour les racistes : « Puisque je pense, je suis un homme. Donc, ceux qui ne pensent pas comme moi ne sont pas des hommes. » Atteler un Indien n'est pas un crime, pensait Sepúlveda. Éliminer un bacille juif est une mesure d'hygiène raciale, estimaient les médecins nazis. Écraser un cancrelat tutsi

---

3. Bischof N., « The biological foundation of the incest taboo », *Social Science Information*, 1973, XI (6), p. 7-36 et « Éthologie comparative de la prévention de l'inceste », *in* R. Fox, *Anthropologie bio-sociale*, Bruxelles, Complexe, 1978 ; Deputte B. L., « L'évitement de l'inceste chez les primates non humains », *Nouvelle Revue d'ethnopsychiatrie*, 1985, 3, p. 41-72.
4. Martinet A., *Éléments de linguistique générale*, Paris, Armand Colin, 1968.
5. Picq P., *Qui va prendre le pouvoir ?*, Paris, Odile Jacob, 2017.

est un travail de propreté, « une corvée de tuerie », affirmaient les Hutus. Marguerite Yourcenar et Claude Lévi-Strauss poursuivent la disputation en demandant où doit passer la frontière qui exclut de l'humanité la plupart des êtres vivants.

Quand les Indiens ont obtenu le droit d'avoir une âme après la controverse, il a bien fallu trouver une autre main-d'œuvre bon marché. Ce fut le début de l'esclavage noir. On avait intérêt à penser que ce n'est pas un crime de chasser, de ligoter, de déporter un Noir qui n'est pas tout à fait un homme puisqu'il est noir. Quand l'esclavage fut aboli au XIXᵉ siècle, de nombreux hommes d'affaires furent scandalisés parce que cette loi risquait de faire monter le prix du sucre, ce qui fut le cas. Dans l'échelle des valeurs de ces commerçants, le sucre blanc valait plus que l'homme noir.

Peut-être faut-il souligner l'effet fable de certaines découvertes scientifiques. Supposons qu'un biologiste écrive : « La polymérisation d'une méthyltransférase modifie le catabolisme de l'acide pyruvique », une telle découverte n'aura aucune retombée culturelle. Mais s'il écrit : « Le stress maternel laisse une trace dans l'ADN du bébé qu'elle porte et en modifie l'expression[6] », cette phrase critiquée, précisée, améliorée par mille publications scientifiques, va provoquer des débats philosophiques (« Lamarck avait-il raison ? »), des réflexions éducatives (« Un nouveau-né, en arrivant au monde, porte déjà la valise du malheur de sa mère »), des combats

6. Zammatteo N., *L'Impact des émotions sur l'ADN*, Aubagne, Éditions Quintessence, 2014.

féministes (« On accuse encore les femmes ») ou des positions politiques (« La société est responsable du stress maternel qui modifie l'expression des gènes de son enfant »).

Le sigle ADN est actuellement la donnée scientifique qui stimule le plus grand nombre de métaphores. Ce brin de protides constitue le support de l'information génétique héréditaire. Mais quand une publicité proclame : « Nous assurons les accidents de voiture, nuit et jour, c'est dans notre ADN », j'aimerais demander à l'assureur ce qu'il pense de la fonction physiologique de l'acide désoxyribonucléique (ADN) qui lui donne tant d'assurance. L'autre jour, j'ai entendu au cours d'une réunion : « Je ne peux pas faire autrement, c'est dans mon ADN. » Cette phrase censée désigner une soumission à un destin biologique est un total contresens puisque les travaux sur l'épigénétique démontrent que les modifications de l'information héréditaire sont réversibles quand on modifie le milieu. Tout se passe comme si une publication scientifique enclenchait une image qui donne une sensation de vérité. « Ça vient des gènes, dit-on, donc c'est immuable à travers les générations. » Cette phrase est fausse, elle est pourtant entrée dans les récitations culturelles.

La recherche du « gène de la criminalité » a fait croire à des millions de gens que la délinquance était génétiquement déterminée, donc inexorable[7]. La famille et la société n'interviennent pas dans ce phénomène

7. Jordan B., *Au commencement était le verbe. Une histoire personnelle de l'ADN*, Les Ulis, EDP Sciences, 2015, p. 50.

inexorable. Le moyen de se protéger de ces hommes dangereux est logique : il faut les enfermer.

Depuis quelques années certains scientifiques participent avec talent aux débats culturels qui limitent les contresens. Auparavant, il était mal vu de parler avec un journaliste ou d'accepter une invitation à la télévision. C'est moins le cas aujourd'hui depuis que les philosophes et les sociologues démontrent que toute découverte scientifique modifie l'imaginaire collectif. Cette nouvelle réflexion est presque devenue une spécialité, au point même que les « chargés de mission », qui doivent rendre aux gouvernements des rapports, associent dans leur travail les scientifiques, les philosophes et les journalistes spécialisés[8].

Souvent les chercheurs en sciences humaines se méfient des sciences cognitives, qu'ils appellent « neurobla-bla ». Ce n'est pas la science qui est remise en cause, c'est son effet-discours, l'implicite idéologique que contient toute publication scientifique. Quand la médecine a été couronnée de succès au XIXe siècle, elle était tellement convaincante qu'elle est devenue totalement explicative. La méningite syphilitique, la méningite tuberculeuse, la folie urémique, le crétinisme des Alpes étaient des maladies psychiques clairement identifiées, provoquées par des microbes et des intoxications. La pénicilline guérissait la syphilis en quelques semaines ; le Rimifon faisait disparaître la tuberculose

---

8. Stanislas Dehaene, dans la composition du groupe qui doit soumettre un rapport au ministre de l'Éducation Jean-Michel Blanquer, a invité quatre neuroscientifiques et de nombreux philosophes, sociologues, psychologues et linguistes.

méningée en quelques mois ; l'épuration extrarénale, en éliminant l'urée toxique pour le cerveau, supprimait les troubles psychiques et l'ajout d'iode dans le sel de table a supprimé le crétinisme, en rétablissant le métabolisme de la thyroxine[9]. Les progrès médicaux, en guérissant les altérations cérébrales qui provoquaient des délires, des hallucinations et des troubles du comportement, ont légitimé les recherches sur les causes organiques de la « folie ». Mais ils n'ont pas légitimé la recherche des causes métaboliques des mauvais résultats scolaires ou des déterminants génétiques de la délinquance. On systématisait beaucoup trop une vérité partielle. Il fallait d'autres chercheurs, d'autres disciplines pour découvrir d'autres déterminants et pour démasquer l'effet fable de ces véritables découvertes scientifiques.

---

9. Ballet G. (dir.), *Traité de pathologie mentale*, Paris, Doin, 1903.

CHAPITRE 24

IMPLICITE IDÉOLOGIQUE
DES MOTS SCIENTIFIQUES

L'implicite de la découverte des chromosomes et des gènes donnait une impression de déterminisme héréditaire inexorable. Lyssenko, ami de Staline, s'est opposé à cette découverte. J'ai vu en 1954, à l'occasion du Festival de la jeunesse, à la faculté de médecine de Bucarest, à l'époque de Gheorghiu-Dej, des banderoles où on pouvait lire : « Les chromosomes n'existent pas. C'est une invention destinée à légitimer le capital. » Les communistes qui désiraient penser que leur bonne organisation sociale suffisait à supprimer les troubles psychiques s'opposaient à ceux qui acceptaient l'idée d'une soumission à un destin biologique. Émile Zola écrivait *Les Rougon-Macquart* qui illustraient la théorie de l'hérédo-dégénérescence. La débilité et les troubles du comportement s'expliquaient par la transmission héréditaire de cerveaux de mauvaise qualité. Les nazis, bien sûr, ont récité cette croyance jusqu'au délire, jusqu'au crime. En 1925, date de la première édition de *Mein Kampf,* ce livre volumineux n'a pas été pris au sérieux : « On railla ces "conneries pathétiques", on traita leur auteur de "bouffon sadique"[1]. » Mais quand, en 1932, le parti nazi fut élu avec 37,3 % des voix, la pression du conformisme fut si intense qu'il fallait acheter le livre (12 millions d'exemplaires), le mettre en évidence dans la salle à manger et se réunir en petits groupes pour en commenter quelques passages au cours de « soirées de discussion ». Cette divulgation des idées permet de dire que ce livre n'a pas été beaucoup lu malgré ses réimpressions énormes. Mais on peut aussi dire que les commentaires de texte permettent de parler d'un livre qu'on a à peine lu, et de participer ainsi à un vaste mouvement d'opinion. Toutes les dictatures emploient cette méthode qui répand des idées avec un minuscule stock de citations récitées à la perfection. Le langage totalitaire est fait de complicité entre l'écriture de quelques affirmations martelées et une lecture de slogans récités avec conviction. Ceux qui lisent pour réfléchir se désolidarisent de ceux qui lisent pour appartenir. C'est ainsi que les Allemands récitants ont remporté les élections en 1932.

Elisabeth Förster, sœur de Nietzsche, a joué un rôle important dans la dérive nazie des idées de son frère. Avec son mari, grand chasseur de Juifs, elle a fondé au Paraguay l'étonnante colonie d'hommes blonds qui devaient démontrer la supériorité de la race aryenne. Ce groupe social fut tellement isolé, sans échanges avec la culture environnante qu'il dégénéra en moins de deux

---

1. Doerry M., Wiegrefe K. « *Mein Kampf.* Le livre le plus dangereux du monde », *Books*, 2018, hors-série n° 13 : *La Folie nazie*, p. 49.

générations, démontrant ainsi le contraire de ce que souhaitait Mme Förster. Pour demeurer vivant et créatif, un groupe humain doit évoluer. La pureté de la race mène à la dégénérescence physique et l'isolement culturel éteint la vie psychosociale. Nietzsche n'était pas antisémite, mais son hostilité à toute religion l'a amené à critiquer le judaïsme. Sa sœur qui, elle, était raciste et antisémite n'a pas eu de difficulté à lire cette nuance comme une affirmation du philosophe à qui elle a fait dire : « Les Juifs sont à l'origine des guerres[2]. »

Les nazis firent une lecture analogue de Darwin. L'idée de sélection naturelle leur plaisait beaucoup puisqu'elle légitimait l'épuration des sociétés, l'élimination des impurs (Juifs, Tsiganes et Slaves). L'extermination des handicapés physiques et mentaux, ces vies sans valeur, avait donc un fondement scientifique et moral. Il fallait sélectionner les plus forts pour créer une race de surhommes, donc éliminer ceux qui polluaient la population. Darwin, en effet, s'est inspiré de la sélection artificielle que pratiquent les éleveurs : « La persistance des races et des individus favorisée pendant la lutte incessante de l'existence constitue une forme puissante et perpétuelle de sélection[3]. » Il précise : « Quant à nous, hommes civilisés, nous faisons, au contraire, tous nos efforts pour arrêter la marche de l'élimination ; nous construisons des hôpitaux pour les idiots, les infirmes et les malades [...]. Les membres débiles de sociétés civilisées peuvent donc se reproduire

---

2. Peter H. F., *Nietzsche et sa sœur Elisabeth*, Paris, Mercure de France, 1978.
3. Darwin C., *L'Origine des espèces* (1859), Paris, Flammarion, 1999, p. 550-551.

indéfiniment[4]. » La lecture de Darwin n'a pas eu de difficulté pour alimenter l'idéologie nazie. Tout l'Occident industriel des XIXᵉ et XXᵉ siècles (et pas seulement les nazis) avait besoin d'une telle idée pour légitimer son mode de construction sociale. La souffrance au travail était terrifiante à l'époque du triomphe industriel. Les mineurs de fond travaillaient quinze heures par jour, par des températures de 45 °C, six jours par semaine, rampaient dans des boyaux étroits moins coûteux que de larges tunnels, ne piochaient qu'avec le fer car ils ne pouvaient pas faire de grands mouvements et mouraient de silicose vers la cinquantaine. Aujourd'hui encore, quand une société se développe grâce à l'industrie, on y sacrifie des hommes et des femmes en les faisant travailler à mort.

Quand une société se protège grâce à l'armée, c'est une autre forme de violence qui est valorisée. Plus chevaleresque, plus héroïque : les hommes marchent au pas au son des fifres et des tambours pour se faire tuer dans la boue des tranchées[5]. Quand le contexte de survie a besoin de la violence pour fabriquer du social, la doxa, l'ensemble des opinions acceptées sans jugement, donne une forme verbale qui légitime cette violence : « Ils sont vraiment extraordinaires, les récits de vaillance que la liberté met au cœur de ceux qui la défendent[6]. » Ils sont

4. Darwin C., *La Descendance de l'homme*, p. 144-145, cité *in* A. Pichot, *Histoire de la notion de vie*, Paris, Gallimard, 1993, p. 773.
5. Guéno J.-P., *Paroles de Poilus. Lettres et carnets du front 1914-1918*, Paris, Librio, 2013.
6. La Boétie É. de, *Discours de la servitude volontaire* (1576), Paris, Petite Bibliothèque Payot, 2002, p. 4.

extraordinaires, les récits de violence que la pureté met au cœur de ceux qui la défendent, pourrait paraphraser Alexis Carrel. Ce brillant médecin, nobélisé en 1912 pour avoir découvert qu'il était possible de suturer des vaisseaux et de transplanter des organes, aurait mérité d'autres prix Nobel pour avoir mis au point la culture de cellules et l'antisepsie des plaies. Ce médecin dévoué a découvert Dieu en assistant à une guérison miraculeuse lors d'un pèlerinage à Lourdes. Il a aussi découvert Doriot (communiste devenu Waffen-SS) et profité de son amitié avec Pétain, qui lui a attribué un énorme budget pour fonder un centre de recherches où ont été salariés plusieurs grands noms de la science d'après-guerre. Cet homme de grande qualité a accepté la notion de dégénérescence qui structurait les récitations d'avant-guerre : « L'homme est aujourd'hui incapable de suivre la civilisation [...]. Parce qu'il y dégénère. [...] Les maladies de l'esprit deviennent menaçantes [...]. Leur danger ne vient pas seulement de ce qu'elles augmentent le nombre de criminels. Mais surtout de ce qu'elles détériorent de plus en plus les races blanches[7]. » Ou encore : « Les anormaux empêchent le développement des normaux. [...] Un établissement euthanasique, pourvu de gaz appropriés, permettrait d'en disposer de façon humaine et économique[8]. » Quand cette idée fut appliquée par les nazis, elle a permis d'assassiner 250 000 malades mentaux, dont 70 000 gazés en quelques années. C'est au nom de la pureté, du bon développement des enfants,

---

7. Carrel A., *L'Homme cet inconnu*, Paris, Plon, 1935, p. 223.
8. *Ibid.*, p. 434-435.

de l'économie et de la morale que ce programme fut réalisé[9].

Alexis Carrel avait constaté un phénomène social incontestable qu'il avait aussitôt expliqué par la doxa de l'époque, qui racontait des histoires de dégénérescence. Ce grand médecin n'a pas jugé que la violence est une valeur adaptative dans une société désorganisée. On tolère, et même on admire les hommes violents, les guerriers, les bagarreurs, les hommes décidés qui, dans un milieu chaotique, remettent de l'ordre. Dans un tel contexte, un homme doux serait jugé efféminé, non courageux et serait vite écarté par une remarque méprisante.

Après chaque guerre, la littérature héroïse quelques soldats, ces hommes courageux dont on admire la violence. Même les voyous deviennent des héros de roman noir et de film policier. Mais quand la paix revient, la violence n'est que destruction. Elle persiste dans les œuvres d'art où le lecteur peut l'érotiser sans risque, il suffit de lire ou d'aller au cinéma.

Quand une bande dessinée met en scène aujourd'hui une jolie violence féminine où des femmes galbées et enceintes combattent des dragons[10], elle réalise l'équivalent esthétique de la violence des hussards de Napoléon[11] avec leurs épaules carrées, leurs vestes galonnées à col de fourrure et leurs pantalons serrés

---

9. Lafont M., *L'Extermination douce*, Lormont, Le Bord de l'Eau, 2000 ; Cyrulnik B., Lemoine P. (dir.), *La Folle Histoire des idées folles en psychiatrie*, Paris, Odile Jacob, 2016, p. 111.
10. Hiro Mashima, *Fairy Tail*, volume 60, trad. fr. Paris, Pika Édition, 2017.
11. Voir les tableaux du baron Gros, de Martinet, David, Meissonier, etc.

moulant leurs génitoires. La parité serait-elle obtenue par le droit à la violence ? Dans les salles de boxe et de sport de combat, il y a aujourd'hui une importante proportion de femmes guerrières dont ces bandes dessinées sont les porte-parole.

Balzac, embarqué dans son torrent littéraire, s'est fait descripteur d'une société de marchands et d'entrepreneurs qui ont dynamisé un XIXᵉ siècle capitaliste et chrétien. Le microscope de Balzac, c'est sa littérature. En entrant dans la vie des chouans, paysans vendéens fidèles au roi, Balzac écrit un « roman vrai ». Peut-il en être autrement ? La fiction peut-elle dire autre chose que la vérité ? Les brins de réel sont composés d'archives, de visites sur les lieux, de recueils de témoignages et de publications scientifiques. À partir de ces matériaux hétérogènes, l'auteur peut construire mille maisons différentes. Tout est vrai dans la fiction que l'auteur compose et que le lecteur lit selon son désir.

Quand la technologie a provoqué l'explosion industrielle occidentale au XIXᵉ siècle, les sociétés ont été organisées par de nouvelles valeurs : la réussite sociale, l'entreprise triomphante et la virilité faite de domination autant que de sacrifices. Balzac, dans ce contexte, s'est fait naturaliste. Apprenant qu'il existe dans la nature des mutations qui participent à l'évolution, il pense que la Révolution a fait passer la société française d'une société d'ordres (clergé, noblesse et tiers état) à une société de classes (aristocrates, bourgeois et prolétaires). Cette manière de voir le monde vient de Geoffroy Saint-Hilaire, un des fondateurs de l'éthologie animale, qui expliquait qu'on ne peut comprendre un animal qu'en l'observant dans son milieu naturel[12]. Dans une cage ou dans un laboratoire, un animal n'est pas le même, un scientifique en ferait une autre description, tout aussi vraie que la précédente et pourtant différente.

Penser « l'homme sans Autre » mène logiquement à une représentation raciste de la condition humaine. Alexis Carrel n'a pas fait autrement, quand il s'est servi de ses immenses connaissances pour en faire un raisonnement linéaire : les gènes qui composent les chromosomes sont « de minuscules amas de substance [...] qui contiennent l'avenir de l'individu et de l'humanité[13] ». Cette vision du développement est racontée par la notion d'homonculus. Dans l'histoire des sciences, ce mot désigne un « petit être vivant à forme humaine que prétendaient fabriquer les alchimistes (1611)[14] ». Quelques brins de matière s'organisent comme un minuscule être humain qui va grossir pour donner un véritable être humain. Paracelse, médecin philosophe du XVIe siècle, s'inspire de ce modèle alchimique pour tenter de fabriquer un homoncule en faisant fermenter de la semence humaine. En 1590, le Hollandais Van Leeuwenhoek invente un instrument d'optique (scope) qui permet de voir un organisme minuscule (micro). La première cellule ainsi observée est un spermatozoïde, qui peut devenir un adulte, à condition de rencontrer un ovule. Buffon, naturaliste au XVIIIe siècle, affirme qu'on peut voir un homoncule dans un ovule ou un spermatozoïde.

---

12. Sipriot P., *Honoré de Balzac, 1799-1850*, Paris, L'Archipel, 1999, p. 136.
13. Carrel A., *L'Homme cet inconnu, op. cit.*, p. 37.
14. *Dictionnaire historique de la langue française*, tome II, Paris, Le Robert, p. 1658.

Cette série d'observations invite à penser qu'à peine découvert, un fait scientifique s'intègre dans une théorie qui prend la forme d'un récit. Ce raisonnement linéaire où une cellule grandit pour donner un objet comme un homme existe encore aujourd'hui. Il n'est pas rare d'entendre qu'un gène détermine un comportement ou qu'un programme génétique se développe inexorablement sans tenir compte du milieu. Les généticiens ont beau combattre ce raisonnement linéaire qui leur est attribué malgré eux, c'est lui qui est entré dans la culture : « Les chiens ne font pas des chats », ou : « Ce n'est pas la peine de donner des bourses d'études aux Noirs, puisque génétiquement ils sont incapables d'étudier. » Constatant qu'en effet il y a moins d'étudiants noirs que de blancs dans les études supérieures, une causalité linéaire en déduit qu'ils sont génétiquement handicapés intellectuellement, alors que, bien évidemment, d'autres pressions éducatives et sociales constituent d'autres causes de cet effet négatif.

CHAPITRE 25

SCIENCES ET IMAGINAIRE COLLECTIF

Les publications scientifiques font changer l'imaginaire collectif alors qu'elles sont peu lues. Il est impossible de lire les milliers d'articles qui sortent chaque jour. Chaque scientifique ne lit que les publications qui confortent son propre domaine de recherche. Et pourtant, régulièrement, un « papier » bouleverse la culture. Parfois c'est un auteur dont la renommée entraîne la conviction des lecteurs, souvent c'est une découverte qui répond aux préoccupations culturelles de l'époque et, dans tous les cas, ce sont des débats qui diffusent l'idée et la font entrer dans la culture. Peut-être est-ce la fonction des philosophes, des artistes, des écrivains et des discussions entre amis que de digérer la nouvelle idée ?

Un auteur d'article scientifique pense-t-il différemment d'un auteur d'article de témoignage ou d'un auteur de roman policier ? John le Carré dit qu'il ne ment jamais et qu'il emploie la même méthode pour écrire un roman et pour témoigner d'un événement. Il va sur le terrain, regarde les objets, se rend attentif aux événements auxquels son histoire personnelle l'a rendu sensible, écrit tout ça sur un papier, puis ordonne ses notes pour en faire soit un roman, soit un article de témoignage. Un scientifique, comme un romancier, trouve dans son histoire personnelle le thème sur lequel il désire travailler : « Mon père est devenu aphasique quand j'avais 12 ans. Ça m'a rendu sensible à tout mode de communication non verbale. J'en ai fait une hypothèse pour un article de linguistique que j'ai ensuite transformé en roman... » Le recueil des données est le même dans les deux cas ; seule la manière de dire, le style et le récit diffèrent.

Le processus scientifique enclenche une hypothèse imaginaire (Et s'il en était ainsi... ?) qui devra être suivie par une manipulation du réel, une méthode. Le romancier, lui aussi, enclenche une hypothèse imaginaire qui sera suivie d'un « théâtre du réel » (interrogeons des témoins, faisons parler les comédiens). Avant de passer à l'acte, les littéraires comme les scientifiques ont imaginé ce qui allait se jouer.

Toute vérité commence par une fiction : « Et si j'allais au Commodore Hotel à Beyrouth ? J'y rencontrerais probablement des jeunes gens qui ont fait la guerre[1]... » Une telle anticipation correspond à : « Si je donnais des antidépresseurs à des chatons, est-ce que cela modifierait leur système d'attachement ? » Toute hypothèse est une rêverie, toute méthode est une manipulation du réel. Rien n'est plus vrai que la fiction.

---

1. Le Carré J., *Le Tunnel aux pigeons. Histoires de ma vie*, Paris, Seuil, 2016.

Les publications littéraires qui entrent dans la culture sont probablement celles qui répondent aux préoccupations du contexte et attirent les plus brillants interprètes. *Cyrano de Bergerac* a attiré Jacques Charon, Georges Descrières, Jean Piat, Jacques Weber et l'immense Depardieu – tout ça pour un nez et un art de la parole.

Les publications scientifiques qui ont modifié les cultures sont celles qui correspondaient à une attente et ont attiré les plus brillants philosophes, artistes et essayistes. Pourquoi nomme-t-on « vulgarisateurs » ces journalistes, ces essayistes ou scientifiques qui entrent dans la culture en présentant une découverte et en cherchant à imaginer ses diverses conséquences possibles ? On ne dit pas que Depardieu ou Weber vulgarisent Cyrano. On dit qu'ils l'interprètent, le présentent et le font vivre en transmettant les rêves de l'auteur. Mais en l'interprétant chacun à sa manière, les comédiens font vivre le rôle un peu différemment. On ne dit pas qu'un musicien vulgarise Bach ou Mozart, on dit qu'il l'a « merveilleusement interprété ». Quand la Callas chante *La Traviata*, elle ne vulgarise pas Verdi ; au contraire, elle l'ennoblit en donnant à son personnage une vie inattendue, peut-être différente de celle qu'espérait Verdi. En chantant un texte auparavant écrit, elle devient coauteure du drame que les auditeurs goûtent depuis qu'elle l'interprète avec un zeste de trahison.

Pour qu'un cheminement apporte du nouveau, il faut qu'une imagination, un changement de regard fasse voir autrement, découvre une chose cachée. Quand on demandait à Schaudinn comment il avait fait pour découvrir la bactérie de la syphilis du premier coup d'œil dans un microscope alors que, pendant des années, les microbiologistes s'étaient acharnés sur des prélèvements où ils ne voyaient rien, il a simplement répondu : « Parce qu'ils sont microbiologistes et moi zoologue. » Les microbiologistes étaient formatés pour voir des microbes cylindriques et stables, alors que le zoologue inexpérimenté avait été surpris dès le premier coup d'œil par une forme imprévue, tire-bouchonnée et mobile : le spirochète de la syphilis.

Est-ce la raison pour laquelle Konrad Lorenz et l'éthologie animale ont été si novateurs pour la psychologie du nouveau-né ? « Lorenz était conscient que sa façon d'interpréter le monde qui l'entourait différait de la méthode scientifique[2]... » Ce médecin philosophe s'intéressait aux choucas, aux chiens, aux chats et aux oies cendrées. Ses premières publications avaient été acceptées dans des revues d'ornithologie, mais ce qui l'a fait entrer dans la culture, ce sont des livres moins scientifiques, mais avec un beau langage[3]. « J'ai écrit un gentil livre de contes », disait-il à Gretl, sa femme[4]. Quand il était invité à la radio ou à la télévision, il disait : « Je vais faire le clown », mais c'est ainsi qu'il a sensibilisé la culture à l'observation d'autres êtres vivants avec lesquels ce jeune chercheur allait développer

2. Nisbett A., *Konrad Lorenz*, Paris, Belfond, 1979, p. 97.
3. Lorenz K., *Il parlait avec les mammifères, les oiseaux et les poissons* (1949), Paris, Flammarion, 1968 ; *Tous les chiens, tous les chats* (Vienne, 1950), Paris, Flammarion, 1970 ; *L'Agression* (Vienne, 1963), Paris, Flammarion, 1969.
4. Nisbett A., *Konrad Lorenz, op. cit.*, p. 138.

l'éthologie comme une science couronnée par un prix Nobel de médecine en 1973.

À la même époque, René Spitz était déjà un psychanalyste connu, mais l'absence d'expérimentation dans son milieu l'avait incité à s'intéresser aux scientifiques animaliers[5] pour « muscler la psychanalyse » : « Quand je soigne, disait-il, je suis psychanalyste, mais quand je suis chercheur, les biologistes et les zoologues m'aident à comprendre la clinique. » Il détaille les expérimentations de Harlow sur les singes macaques, mais n'emploie pas le mot « éthologie » qui sera mis en lumière plus tard, par Lorenz. À cette époque, la psychanalyse, la biologie et la zoologie faisaient cause commune. Bowlby, le fondateur des théories de l'attachement, psychanalyste et clinicien de terrain, s'inspirait beaucoup des travaux de laboratoire réalisés par les animaliers[6]. La résilience pointait son nez en découvrant l'importance des interactions précoces qui permettent au petit enfant d'acquérir des facteurs de protection[7].

En faisant le clown littéraire, puis en devenant scientifique, Lorenz a montré le chemin. « Que ses idées […] soient vraies ou fausses, il n'en demeure pas moins qu'il a joué son rôle habituel de stimulus pour les autres chercheurs[8]. »

---

5. Spitz R. A., *La Première Année de la vie de l'enfant, op. cit.*
6. Bowlby J., *Soins maternels et santé mentale*, Genève, Organisation mondiale de la santé, 1951.
7. Ritvo S., Solnit S. A., « Influences of early mother-child. Interaction on identification processes », *in* S. Ruth, A. Freud (dir.), *Psychoanalytic Study of the Child*, tome XIII, New York, International Universities Press, 1958.
8. Nisbett A., *Konrad Lorenz, op. cit.*, p. 142.

Quand un événement social ou culturel (attentat, film ou roman) sensibilise une population, il se trouve toujours des jeunes qui y puisent leur vocation. La guerre est une machine à écrire parce que la littérature est un outil qui permet d'en parler quand la paix est revenue. Le terrorisme actuel a suscité un nombre élevé de groupes de réflexion, de travaux scientifiques et de livres qui ont pour fonction de comprendre, de donner sens à la déflagration pour tenter d'en maîtriser le bouleversement et de prendre les mesures adéquates.

Dans les années d'après-guerre, quand il a fallu reconstruire les villes et les psychismes blessés, la psychanalyse et l'éthologie ont apporté des solutions. Dans les années 1960, l'expansion médicale et psychologique a posé de nouvelles questions. Henri Laborit est entré dans la culture scientifique avec des publications d'anesthésie et surtout avec sa découverte du Largactil qui a provoqué des passions culturelles : ce médicament guérit-il la schizophrénie ou est-il simplement une camisole chimique ? Grâce à ses livres à grand succès[9], ce chirurgien est tombé dans la marmite psychologique après sa découverte sérendipiteuse du premier neuroleptique. Ce médicament provoqua autant d'enthousiasme que de haine. Ceux qui croyaient à une explication totalement biologique du psychisme entrèrent en guerre contre ceux qui croyaient que seule la parole psychanalytique pouvait soigner. Laborit, qui connaissait ces deux extrêmes, préféra s'inspirer du modèle animal des

---

9. Laborit H., *L'Agressivité détournée. Introduction à une biologie du comportement social*, Paris, 10/18, 1970.

troubles du comportement qui proposait une jonction entre le corps et le psychisme. Ses livres furent si bien acceptés qu'Alain Resnais lui proposa d'en faire un film, *Mon oncle d'Amérique*[10] qui, lui aussi, provoqua autant d'enthousiasme que d'hostilité. La plupart des spectateurs ont bien compris que les animaux servent de modèles et n'affirment pas que les hommes sont des rats. Quand une expérimentation montre qu'un rat constamment soumis à un stress insidieux finit par s'immobiliser et cesse de lutter, Laborit démontre comment chez les êtres humains aussi une alerte constante épuise l'organisme. Quand Depardieu joue ce rôle, personne ne pense que c'est un rat. Le modèle animal a simplement permis de se demander si un stress insidieux et durable ne pouvait pas user un organisme. Ce film a modifié l'imaginaire social : non seulement notre culture a admis que les animaux peuvent souffrir à en tomber malades, mais encore qu'une méthode expérimentale inspirée par l'éthologie animale peut légitimer des études sur la souffrance des humains au travail.

J'ai beaucoup aimé côtoyer Laborit, à Paris, où il avait fondé un petit laboratoire, à l'hôpital Boucicaut, et à Toulon, où il avait été chef de service à l'hôpital des armées. Il est venu à nos réunions à Châteauvallon, à Ollioules, où il écoutait attentivement les jeunes confrères. Très préoccupé par les rapports de domination et de soumission, il pensait qu'une biologie du comportement faite d'observations cliniques et

---

10. *Mon oncle d'Amérique*, film d'Alain Resnais, Grand Prix spécial du jury au festival de Cannes en 1980.

d'expérimentation animale deviendrait une neuroscience qui améliorerait les relations humaines.

Il a été suivi par une grande partie des chercheurs, des praticiens et des artistes, stimulés par cette pensée originale. Les jeunes ont beaucoup aimé cette manière de poser les problèmes humains. J'ai souvent été invité dans les lycées pour commenter ce film et j'ai constaté que très peu de lycéens commettaient de contresens[11].

Ce ne fut pas le cas des adultes, qui ont cherché à ridiculiser cette méthode. Laborit était marginal ; peu soucieux des honneurs, il n'a pas voulu faire la cour pour obtenir le prix Nobel pour sa découverte des neuroleptiques. Les Américains lui ont tout de même accordé le prix Lasker (l'équivalent du Nobel de physiologie ou médecine). Quant à la marine française où il a été professeur de médecine, elle lui a accordé des titres militaires et a donné son nom à plusieurs bâtiments. L'hostilité est venue de ceux qui ont cru que ses travaux étaient inspirés par la sociobiologie de Wilson[12], haïe en France et adorée aux États-Unis parce qu'elle parlait beaucoup de sélection naturelle. Quand son nom fut cité comme possible prix Nobel, plusieurs scientifiques français se sont rendus à Stockholm pour en empêcher l'attribution : pas très scientifique, tout ça !

En fait Laborit faisait plutôt partie de ceux qui s'exerçaient à la pensée complexe. Lorsqu'Edgar Morin

---

11. Notamment au lycée La Cordeille, près de Toulon, en 1983.
12. Wilson E. O., *On Human Nature*, Cambridge, Harvard University Press, 2004.

a proposé ce virage épistémologique[13], il a, comme Laborit, provoqué un mélange d'adhésion et d'agression. Les amoureux de la certitude parlaient de « confusion des genres ». Ils avaient raison, car la pensée complexe intègre des données hétérogènes qui enchantent ceux qui ont une âme évolutive, mais angoisse les esprits fixistes.

Ces grands innovateurs, Konrad Lorenz, Henri Laborit, Edgar Morin, ont modifié la culture scientifique en agissant sur l'imaginaire social grâce à des films et des livres partagés avec le public. Un travail scientifique rend visible un phénomène qui existe dans le réel, mais dont on n'a pas conscience. C'est l'expérimentation qui démasque et rend visible ce segment de réel. Ne pourrait-on pas dire la même chose de la fiction ? C'est l'écriture d'un roman, d'un conte ou d'un film qui met en conscience un événement caché dans le magma du réel et le démasque dans la représentation théâtrale de ce réel. L'art et la science donnent à voir.

Freud ne disait pas autre chose quand il organisait une situation divan-fauteuil conventionnelle, quasi expérimentale où l'on guettait un rêve, un lapsus, une association d'idées inattendue qui faisait surgir une nouvelle compréhension. Le réel est invisible, le monde du dedans aussi, mais on peut tenter quelques explorations grâce aux manipulations scientifiques, à la navigation psychanalytique ou à l'écriture d'un roman. Konrad Lorenz a écrit des contes pour enfants avant

---

13. Morin E., Piattelli-Palmarini M., *L'Unité de l'homme*, 3 tomes, Paris, Seuil, « Point », 1978.

d'être distingué par un prix Nobel de médecine. Henri Laborit, médecin praticien, voulait abaisser la température centrale des opérés de façon à les endormir avec le moins de médicaments possible. Son hypothèse éthologique, venue de l'observation des marmottes qui consomment peu d'énergie quand elles hibernent, l'a mené à la découverte du Largactil qui lui a valu le prix Lasker et a métamorphosé l'ambiance des hôpitaux psychiatriques. Quand les agités ont été calmés par ce produit chimique, les soigneurs n'ont plus eu peur d'eux. Ils ont alors découvert que ces « fous furieux » avaient une histoire, un monde mental différent, mal construit, douloureux, mais accessible à une relation. Grâce aux marmottes, Laborit a découvert une molécule qui a permis de développer... la psychothérapie ! Si ce n'est pas un raisonnement systémique, ça !

Cette attitude d'esprit explique pourquoi Edgar Morin s'est intéressé au cinéma, à la littérature, à l'éthologie et à la biologie[14]. Un raisonnement linéaire est tellement réducteur qu'il donne une impression fausse en disant la vérité. C'est le cas du témoignage où le sujet raconte son point de vue : il dit ce à quoi il a été sensible, là où il était, à ce moment-là. Le plus sincèrement du monde, en ne disant que du vrai, il donne une interprétation du réel qui témoigne de sa perception du monde, différente de celle de son voisin qui dit sincèrement une autre vérité. Le film, le roman, la plongée psychanalytique ou la fiction disent probablement

---

14. Cyrulnik B., Morin E., *Dialogue sur la nature humaine*, Paris, Éditions de l'Aube, 2010.

plus de vérité que l'expérimentation scientifique, « car c'est toujours de cela qu'il est question dans les fictions avouées de la littérature, comme dans les fictions inavouées de la politique, de la science sociale ou du journalisme, de construire avec des phrases les formes perceptibles et pensables d'un monde commun[15] ». Ce processus réducteur est facile à voir lors du journal télévisé où le journaliste ne ment pas, il a filmé et dit sa part de vérité. C'est la caméra qui est subjective en choisissant de fixer son œil sur un segment du monde plutôt que sur un autre. Ce petit bout de vérité alimente les récits collectifs et s'inscrit dans la mémoire intime des individus de ce groupe. Chacun peut dire : « Je l'ai vu. » Les formes d'art sont plus ouvertes en exprimant l'étonnante diversité des mondes mentaux. En écrivant des fictions, en déclenchant des émotions réelles, en projetant des images sur un écran, elles inspirent de longues méditations.

---

15. Rancière J., *Les Bords de la fiction*, Paris, Seuil, 2017, p. 13.

CHAPITRE 26

LE SPECTACLE DU MONDE EST UN OPÉRA

Le spectacle du monde peut être assimilé à un opéra[1], une comédie apprise mot à mot, soulignée par la musique et encadrée par un bâtiment qui participe à la représentation. L'Opéra Garnier à Paris ou l'Opéra de Toulon, ainsi que d'autres Opéras dans le monde, nous aident à comprendre comment l'architecture constitue l'écriture de ceux qui ont le pouvoir. Les pyramides d'Égypte sont des récits de pierre qui racontent comment une famille incestueuse, une lignée de demi-dieux, a réduit en esclavage l'immense majorité de son peuple. Toute la culture a été consacrée à la représentation de la vie après la mort. Les aristocrates ont tenu un discours analogue. Remplacez « demi-dieux » par « de droit divin », ou mettez à la place d'« esclaves » les mots « serfs » ou « prolétaires », écrivez « paradis » ou « enfer » à la place de « voyage après la mort », et vous aurez une traduction en termes médiévaux de la hiérarchie sociale des pharaons. Aujourd'hui, les nouveaux temples sont

---

1. Aït-Touati F., *Contes de la lune*, Paris, Gallimard, 2011, p. 114.

les luxueux conseils généraux prouvant que la pyramide a évolué quand le mot « élu » a remplacé « sang-bleu ».

Les images participent à la fabrication des grands récits. L'histoire de la chrétienté peinte sur les murs des couvents décore les églises avec ses tableaux sur toile ou sur le bois des triptyques. Les bijoux, la vaisselle en argent ou les pots en étain racontent comment on vit quand on est riche, prêtre ou prolétaire.

L'épopée napoléonienne racontée par les portraits magnifiques et pompeux de David, Gros et Vernet parle du courage des hommes, de leur mort glorieuse dans la boue ou dans la neige. Dans ces longs poèmes grandioses, les héros meurent pour que vive l'Empereur. Ces grands récits ont mis en lumière l'aventure napoléonienne qui a provoqué en Europe les bénéfiques révolutions scientifiques, culturelles et administratives et ont mis à l'ombre les défaites de l'armée française en Égypte, en Espagne, la fuite de Napoléon abandonnant ses soldats dans les glaces de la Bérézina, la perte de territoires, l'arrêt de l'expansion industrielle, la ruine de plusieurs pays et des millions de morts.

D'autres artistes ont éclairé d'autres réalités sociales. Dans les *Illusions perdues* Balzac donne la parole à Lucien de Rubempré pour raconter le capitalisme naissant, Dickens dans *Oliver Twist* dénonce l'exploitation des enfants dans les usines anglaises et Flaubert décrit avec *Madame Bovary* le monde désespéré des femmes entravées. Aujourd'hui, la littérature et le cinéma préfèrent mettre en scène des victimes qui sont devenues des vedettes culturelles depuis qu'elles racontent comment elles ont triomphé du malheur. On leur accorde aujourd'hui une médaille de victoire, alors qu'il y a deux générations on les accablait de pitié.

Rien n'est fixe. Tout peut être remanié quand on sait faire un récit. Le danger apparaît quand une seule narration prend le pouvoir et impose le silence à toute autre histoire. Victor Klemperer se croyait protestant allemand quand le nazisme a monopolisé la parole dans les années 1930. Petit à petit, les lois antijuives lui ont fait découvrir que, sous le regard des autres, il était juif parce que son père était rabbin. Loi après loi, il fut chassé de sa société, puis interdit d'entrer dans une librairie, puis d'avoir un téléphone, puis de faire ses courses avant 15 heures, puis après 16 heures, puis d'acheter une automobile, puis du tabac, puis des fleurs, puis des œufs, puis des légumes, puis de garder des animaux à la maison, puis[2]... D'où viennent ces interdits ? Certainement pas de Hitler, qui se contentait d'indiquer la direction sans s'occuper des dossiers. Pour réaliser ce grand projet social, les décideurs nazis ont délégué leur immense pouvoir à mille petits dictateurs invisibles, employés de bureau, sous-officiers, concierges et voisins bien intentionnés. La machine à exterminer a fonctionné avec très peu d'ordres écrits : réquisitionner des vélos, interdire d'acheter des œufs, ce n'est pas très grave, tant qu'on ne s'attaque pas aux personnes, n'est-ce pas ?

Quand le nazisme a été abattu en 1945, l'orage romantique de la pureté des races, l'indignation vertueuse des Aryens persécutés par les Juifs comploteurs,

---

2. Powers T., « Dans la tête d'un juif », *Books*, 2018, hors-série n° 13 : *La Folie nazie*, p. 81.

les exaltantes manifestations de rue, les beaux défilés militaires, l'héroïsme des soldats, tout cet opéra tragique et merveilleux s'est éteint presque aussitôt. « La paix revenue, les Allemands ordinaires semblent se défaire des années nazies avec soulagement et une sorte d'incompréhension muette. Le III᷾ Reich est déjà presque oublié, tout le monde s'y était "toujours" opposé[3] », dit-on.

Jean Bernard était jeune médecin à la Libération quand il fut désigné pour « éplucher » les papiers du Conseil de l'ordre des médecins créé par le gouvernement de Vichy. Il trouva plusieurs milliers de lettres de dénonciation de confrères qui, en faisant déporter leur patron, libéraient des postes pour faciliter leur carrière. Le Commissariat général aux questions juives a reçu plus de 10 000 lettres de dénonciation. Qui a envoyé l'ordre de dénoncer ? Personne ! « Aucun appareil administratif n'est constitué appelant à la délation [...] en Allemagne, c'est l'ensemble du système totalitaire qui favorise les dénonciations[4]. » Des millions de dictateurs invisibles s'autorisent à passer à l'acte sous l'influence des récits d'alentour, des films, des livres, des journaux, des émissions de radio, des bavardages au café du coin qui laissent libre cours aux dénonciateurs : « J'ai passé mon permis de conduire : c'est encore un Juif qui a décidé de mon sort [...]. Le Juif Blumenthal laisse ses enfants jouer dans le square où ils sont interdits... » Les petits délateurs défendaient la morale.

---

3. *Ibid.*, p. 84.
4. Bensoussan G., Dreyfus J.-M., Husson É., Kotek J., *Dictionnaire de la Shoah*, Paris, Larousse, 2009, p. 188-189.

Curieusement, l'immense majorité de la population française n'a pas pratiqué la dénonciation, même
les pétainistes ! Le maire de Dieulefit dans la Drôme
était pétainiste, donc élu par la majorité des gens du
village. Quand les Juifs chassés de Belgique ont été
accueillis dans ce beau village provençal, ce maire a logé
chez lui plusieurs enfants. La population émue a taquiné
les réfugiés en parlant de l'« université de Dieulefit » où
les Juifs, tous les soirs, organisaient des concerts, des
représentations théâtrales et des débats culturels. Pas
une seule dénonciation ! Comment expliquer ça ?

En Allemagne, en Pologne et dans la plupart des
pays européens, tout le monde dénonçait et même passait à l'acte pour dépouiller les Juifs et parfois les tuer
sans jugement, dans la rue, comme ça, par devoir. Les
aristocrates et 5 600 Justes polonais se sont opposés à
ces persécutions. Ils prenaient un risque énorme en refu-
sant de dénoncer les Juifs, mais ils ne se sont pas laissé
embarquer par le vent mauvais de la délation. Comment
expliquer ça ? En Allemagne, les films, les romans, les
poésies, l'enseignement étaient gouvernés par une mino-
rité, élégante et sarcastique. Beaucoup d'écrivains et de
comédiens français se sont laissé engager, sans prendre
le temps de juger. Mais quand on aime douter, discuter
et vérifier, on se laisse moins prendre par l'ouragan des
slogans et des récits totalitaires.

CHAPITRE 27

SCIENTIFIQUES ET ROMANCIERS

Peut-on tenir le même raisonnement pour la littérature scientifique ? La science participe à la culture sous forme de récits qui structurent les croyances collectives. Les scientifiques savent qu'une vérité scientifique n'a pas une espérance de vie très longue, mais ils sous-estiment l'effet-fable de leurs publications. Quand une découverte modifie l'imaginaire collectif, elle alimente une fiction qui fait évoluer les structures mentales de la collectivité. Quand Kepler a découvert le mouvement des planètes et construit le premier télescope, il a provoqué une série de fictions qui imaginaient des rencontres avec les habitants de la lune où Cyrano de Bergerac fut un touriste célèbre. Le télescope a provoqué des débats philosophiques passionnants sur l'espace et le temps biologique.

La découverte du Nouveau Monde avec sa flore et sa faune a induit de nouvelles images de la nature. La licorne a disparu, remplacée par des animaux étranges et poétiques comme les lamas, les lynx et les jaguars qui ont alimenté l'imaginaire de milliers d'explorateurs. Quand le *Journal des Voyages* a raconté l'Himalaya, on y a vu des traces mystérieuses, les pas d'un yéti forcément. Les photographies de chromosomes ont éveillé l'âme policière de certains psychiatres, qui ont raconté l'histoire du chromosome du crime. L'arrivée de la psychanalyse aux États-Unis a donné des idées de suspense à Hitchcock dans *La Maison du Dr Edwardes* (1945). Et la mise au point de l'électroencéphalographie (dépourvue du moindre danger) a illustré l'action terrifiante des ondes sur les cerveaux d'*Orange mécanique* de Stanley Kubrick (1971).

Les récits scientifiques font découvrir des mondes réels insoupçonnés, surprenants et poétiques qui stimulent l'imagination. La pensée de la fiction romanesque ne s'oppose pas à la pensée scientifique. Dans les deux cas, les hypothèses sont proches des fantasmes et de la créativité artistique. Après la publication, l'effet-fable de la science stimule d'autres recherches, mille romans et films. Les méthodes diffèrent peu : le romancier collecte des faits afin d'en faire un récit imaginaire ; le scientifique soumet son hypothèse au tribunal de l'expérimentation pour faire émerger un résultat. Imaginons que les « Hackers », perturbateurs endocriniens, comme les substances plastiques, cosmétiques, sprays, vernis et appareils électroniques, détournent la synthèse de la thyroxine : qu'est-ce que ça produirait[1] ? Diminution du quotient intellectuel ? Abaissement de l'âge de

---

1. Demeinex B., « Les perturbateurs endocriniens nuisent au bon développement du cerveau », *La Recherche*, 2018, 533, p. 5-9.

la puberté chez les filles ? Esprits plus influençables, à cause du ralentissement neuronal ? Imaginons qu'un homme blessé, immobilisé dans un fauteuil, regarde par la fenêtre pour se désennuyer : qu'est-ce que ça pourrait donner ? La routine ? Une scène intime ? La découverte d'une tentative d'assassinat[2] ?

Le talent des romanciers ne s'oppose pas à celui des scientifiques. Dans les deux cas, il faut manipuler le réel pour faire surgir une nouvelle vision du monde, par le microscope ou par la fenêtre : voir le monde et le penser, c'est aller à l'Opéra.

L'histoire de l'écriture nous permet de comprendre comment les mots écrits modifient la vision du monde et agissent sur nos rapports sociaux. Il y a 6 000 ans (BP)[3], dans une région qu'on appelle Sumer (aujourd'hui Égypte ou Irak), des scribes ont eu l'idée d'imprimer sur un bloc d'argile molle, à l'aide d'un « stylo » en forme de roseau taillé, quelques signes abstraits, des conventions arbitraires pour représenter des objets ou des animaux achetés. En faisant sécher l'argile au soleil ils ont fabriqué une sorte de contrat commercial[4], qu'on appelle encore aujourd'hui « écriture comptable ». À l'origine de l'écriture, il y a donc des chiffres (3 chèvres échangées contre 1 chameau) et la signature (moi, berger, j'imprime mon sceau dans cette plaque d'argile). Cette convention a presque aussitôt induit la pensée : « Puisque les chiffres et les signes agissent sur

2. Hitchcock A., *Fenêtre sur cour*, film de 1955.
3. BP = *Before Present* = avant aujourd'hui.
4. André-Salvini B., Cluzan S., Corradini N., Louboutin C., Marino M., *L'Aube des civilisations*, Paris, Gallimard/Larousse, 1999, p. 147.

la matière et sur les faits sociaux, ils ont donc un effet magique. » Dans la médecine babylonienne ou dans le Code de Hammurabi (4000 BP), on peut lire des interprétations de présages et des recettes contre les piqûres de scorpions. Quand la parole parlée est un acte de rencontre, la parole écrite donne plutôt une sensation de matérialité, comme une force capable d'agir sur la matière, de guérir les corps blessés et de structurer les rapports sociaux. Cette puissance du mot écrit explique peut-être pourquoi on croit plus facilement cc qui est écrit que ce qui est dit...

Les écritures du Moi sont apparues plus tard. Il a fallu attendre les autobiographies de Septime Sévère (IIIe siècle après J.-C.) et surtout les confessions de saint Augustin (IVe siècle après J.-C.) pour que l'écriture tente l'exploration intime. Le christianisme venait de naître au concile de Nicée (325 après J.-C.) et l'aveu prenait un effet de rédemption. Expier, racheter ses fautes devenait un moyen de reprendre sa place dans la société. La confession écrite constitue la première expression narrative de son monde intime.

À la fin du Moyen Âge, « la société a pris l'habitude d'enregistrer et de chiffrer ses actes et ses projets. Dans cette écriture comptable s'infiltrent les proverbes d'Aristote, de saint Thomas et les confessions sur la vie privée, son corps, ses sentiments et sa conception des choses[5] ». Quand Abélard au XIIe siècle raconte l'*Histoire de mes malheurs*, il se pense comme un carrefour de pressions

---

5. Ariès P., Duby G., (dir.), *Histoire de la vie privée*, tome II, Paris, Seuil, 1985, p. 533-535.

sociales, alors que les confessions écrites au XIVe siècle ont un parfum d'amour et de spiritualité. Pétrarque, dont les larmes coulent en lisant saint Augustin, décide de se convertir, et quand il est frappé par la foudre amoureuse en voyant la jeune Laure, « par deux beaux yeux qui m'ont enchaîné », il explique ce prodige sentimental par un calcul qui met en lumière les chiffres 6 et 7, comme dans la Kabbale ! Dante et Boccace commentent saint Augustin : « La mémoire fait surgir non la réalité elle-même, qui est définitivement passée, mais les mots suscités par la représentation de la réalité[6]. » Une phrase analogue est écrite aujourd'hui dans les travaux de neurologie[7] ! Le gouvernement des âmes n'est pas encore pensé comme une possibilité individuelle, c'est le dogme catholique qui structure les mondes intimes[8].

Pour Dante, l'écriture intime est un moyen de « recomposer le moi confus fait d'instants vécus, une représentation de soi enfin cohérente[9] ». Le XVIe siècle se caractérise par une grande production de mémoires, comme si les aristocrates ou les élites sociales voulaient témoigner des guerres de religion, de la régence d'Anne d'Autriche, de la Fronde et des guerres de Louis XIV. Le « je » de ces mémoires n'est pas un « je » intime, c'est un témoin qui tient à dire en public les grands événements sociaux auxquels il a assisté.

---

6. *Ibid.*, p. 535.
7. Lejeune A., Delage M., *La Mémoire sans souvenir, op. cit.*, p. 156-157.
8. Gusdorf G., *Lignes de vie*, tome I : *Les Écritures du moi*, Paris, Odile Jacob, 1990, p. 200.
9. Ariès P., Duby G., (dir.), *Histoire de la vie privée, op. cit.*, tome II, p. 536.

La naissance du roman au XVIIIe siècle offre un repère où le héros est un transgresseur. Robinson Crusoé, chassé de toute société humaine, est obligé d'en réinventer une identique : grotte, outils, élevage, armes et rapports de domination quand « Vendredi » arrive. Les romans épistolaires donnent une illusion d'authenticité. À cette époque, les romans sont corrupteurs comme dans le livre de Choderlos de Laclos où les « liaisons dangereuses » entendent démasquer les pervers, en racontant leurs délicieuses transgressions. C'était mal vu de lire un roman à cette époque, comme plus tard il a été honteux d'être comédien ou de lire une bande dessinée.

Jean-Jacques Rousseau prétend que l'autobiographie est une plongée intime qui mène à l'authenticité : « Voici le seul portrait d'homme, peint exactement d'après nature et dans toute sa vérité[10]. » Quand il écrit : « Je fus méprisable et vil », un tel aveu de faiblesse n'a aucun effet rédempteur. Avouer qu'il a eu sa première émotion sexuelle en recevant une fessée sur les genoux de Mlle Lambercier exprime une authenticité plus proche du plaisir masochique que de l'expiation.

La littérature de l'intime explose au XIXe siècle quand le développement de la personne devient une aventure sociale, quand un enfant, désocialisé par un drame familial, finit par regagner sa place, quand un provincial monte à Paris et triomphe des obstacles. Le « je » de ces romans témoigne que la valeur des temps

---

10. Rousseau J.-J., *Les Confessions* (1782), Paris, Gallimard, « Folio », 2009.

modernes concerne plus la réussite personnelle que la protection du groupe.

Quand le pouvoir social devient totalitaire, tous les esprits doivent être conformes, voir le même monde et s'y comporter de la même manière. La moindre expression personnelle prend la signification d'une dissidence pénalisable. À l'époque de Ceausescu, en Roumanie, il fallait écrire son « autobiographie » tous les six mois et la porter au… commissariat[11] ! Dans ce contexte-là, le mot « autobiographie » ne désignait pas une aventure spirituelle, transgressive, affective ou résiliente. Il s'agissait plutôt de vérifier l'emploi du temps et les rencontres, ce qui donnait aux commissaires du peuple une arme pour censurer les actions et les pensées autonomes. Dans une culture totalitaire, les mondes mentaux doivent être transparents, l'aveu permet de cloner les âmes.

Le mot « autobiographie » désigne donc un travail d'écriture différent selon le contexte social : spiritualité, transgression, authenticité brutale, héroïsation de soi, règlement de compte, plaidoyer, harmonisation d'un moi fragmenté ou soumission à un contrôle d'État.

L'écriture implique une lecture qui, elle aussi, a évolué selon les contextes sociaux : d'abord on a lu des textes de loi. Les contrats de mariage se lisaient à voix haute et en public puisque l'écriture a démarré par un contrat commercial sur une plaque d'argile. À partir du XVIᵉ siècle, la lecture se faisait en famille. La fille aînée, à la voix claire, lisait en articulant de façon que

---

11. Serban Ionescu, communication personnelle, IIIᵉ Congrès mondial sur la résilience, Université du Québec à Trois-Rivières, Canada, 2016.

tout le foyer en profite. Au xixᵉ siècle, les ouvriers se rassemblaient dans un café pour écouter celui qui savait lire. Au xxᵉ siècle, je me souviens que dans les petites classes au lycée, certains enfants lisaient en murmurant pour ne pas gêner les autres. Et, à la fin du xxᵉ siècle, la lecture est devenue une habileté si bien incorporée que l'on sait lire sans bouger les lèvres. Chacun pour soi, dans son for intérieur, souvent même dans son château fort d'où les autres sont exclus. Au début de l'époque industrielle, le bruit des mots unissait la famille ; un siècle plus tard, la lecture à bouche fermée ouvre sur un langage intérieur qui isole des autres.

Pendant les guerres, les autobiographies sont des sortes d'engagements militaires où l'auteur raconte les horreurs qui justifient sa légitime défense. Les héros de romans sont des soldats dont les livres racontent la tragédie où l'horreur est transformée en épopée. Quand la guerre est finie, on note une explosion littéraire qui prend la forme d'un plaidoyer. C'est un auteur étranger qui tente l'objectivité : par son regard éloigné, il voit plus justement les événements[12].

Aujourd'hui, dans le classement des biographies, viennent en tête les vedettes de cinéma, suivies des hommes d'État qui écrivent des best-sellers en forme d'étoiles filantes. On aime encore les références stables comme Napoléon ou de Gaulle, on note l'arrivée de femmes illustres avec Marie Curie et Simone Veil. Mais, signe des temps, on voit apparaître aussi des biographies

---

12. Pennebaker J. W., Paez D., Rimé B. (dir.), *Collective Memory of Political Events*, New York, Psychology Press, 2008.

de petites gens, de chefs d'entreprise, de policiers, de sportifs dont les gloires éphémères suffisent aux lecteurs.

Notre société serait-elle en train de se cliver, entre ceux qui découvrent le monde en lisant et ceux qui, en ne lisant pas, se rendent prisonniers de l'immédiat ? Lire ou ne pas lire témoigne de deux styles existentiels différents : la littérature ouvre sur l'exploration, le rêve, les utopies heureuses et parfois dangereuses. Alors que les non-lecteurs se contentent du bien-être immédiat dont la jouissance brève empêche de donner sens à la vie.

Quand le monde intime est déchiré par une perte ou rendu boiteux par un manque, l'appel de l'écriture se renforce. Il faut souligner qu'écrire sur le trauma, ce n'est pas écrire le trauma, pour une raison simple : la mémoire saine est évolutive, donc apte à alimenter des récits changeants, alors que la mémoire traumatisée est figée, donc condamnée à la répétition névrotique, à la rumination dépressive. La mémoire saine évolue en fonction de la maturation du cerveau et des expériences personnelles. La représentation du passé n'est pas la même pour un nourrisson, un écolier, un adolescent, un adulte ou une personne âgée, qui prétendent tous ne pas avoir changé d'histoire.

CHAPITRE 28

DONNER UNE FORME VERBALE
À SON GOÛT DU MONDE

La mémoire du nourrisson, mise en place au cours des expériences précoces avant l'acquisition de la parole, n'est que perceptive, d'abord biologique, transmise par les hormones du stress, par l'odeur et le toucher. Le bébé acquiert très tôt la mémoire de l'architecture de la voix de sa mère, puis de son visage. La première connaissance du monde est sensorielle. Quand le bébé perçoit une figure complexe rendue familière parce qu'elle est inscrite dans sa mémoire, il y répond par des gambades, en la suivant des yeux et en émettant de petits cris[1]. À ce niveau de son développement, le bébé a déjà acquis une manière personnelle de s'orienter vers les objets : il regarde de préférence un objet familier qui, imprégné dans sa mémoire, lui donne un sentiment de sécurité. Mais si le bébé a été isolé ou agressé, c'est un sentiment d'insécurité qui

---

1. Rovee-Collier C., « The "memory system" of prelinguistic infant », *The Annals of the New York Academy of Sciences*, 1990, p. 517-542.

s'imprègne en lui et provoque une réaction d'immo-
bilisation, de retrait ou de pleurs.

Plus tard, quand l'enfant parlera, il donnera une
forme verbale à ce sentiment acquis préverbalement :
« Méchantes copines à l'école », ou au contraire : « Viens
chez moi, mes amis ». Ses mots énoncent la connotation affective, l'impression que l'objet a faite dans sa
mémoire. Ce goût du monde, acquis avant la parole,
s'exprime à l'école et à l'adolescence. Le jeune tente
l'aventure de l'écriture avec ses premières poésies ou
son premier roman, auquel il donne la forme verbale
de son monde intime, « une justification consciente et
rationnelle d'une conduite déterminée par des motivations inconscientes[2] ». Dans la vie quotidienne, on
éprouve un sentiment, on manifeste une conduite dont
on ne connaît pas l'origine, mais dès qu'on lui donne
une explication logique, on se sent cohérent. La forme
raisonnée qu'on donne au sentiment n'a pas de rapport
avec la motivation réelle, ignorée. L'intellectualisation
est un masque raisonnable qui maîtrise une émotion
venue du fond de notre mémoire non consciente. La
doxa est composée d'un faisceau de rationalisations qui,
en donnant une apparence logique à un phénomène,
empêche de le comprendre ! Les débuts d'une maladie
se manifestent souvent par une fatigue inhabituelle à
laquelle on trouve toujours une raison : « Je n'ai pas
digéré le restaurant d'hier soir », ou : « Il y a certainement un pic d'ozone », alors qu'il s'agit parfois d'un

---

2. Jones E., « La rationalisation dans la vie quotidienne », *in* J. Laplanche,
J.-B. Pontalis, *Vocabulaire de la psychanalyse*, Paris, PUF, 1973, p. 389.

début de diabète ou d'une maladie insidieuse. On ne peut pas ne pas trouver une raison.

Dès qu'un enfant a acquis un certain goût du monde, il répond à ce qui est inscrit dans sa mémoire, ce qui modifie sa perception du contexte. Ses inter-actions précoces ont construit en lui un filtre sensoriel, une manière de voir le monde à laquelle il répond. Les routines comportementales et les croyances explicatives inscrivent dans son monde mental un schéma d'action qui caractérise l'enfant[3]. Ce modèle interne opérant (MIO) donne un style relationnel, un filtre interprétatif du monde différent pour chaque personne.

Le retour des prisonniers de guerre et des déportés en 1945 a provoqué des remaniements familiaux et des interprétations étonnamment dissemblables. Certains enfants ont ressenti l'événement comme une fête : « Je considère mon père comme une sorte de héros pour survivre à tout ça, alors que les autres étaient morts, il avait dû être très fort[4]. » D'autres ont ressenti le même événement avec suspicion : « Si mon père est revenu, c'est qu'il a trahi... » Et d'autres même ont éprouvé le retour du père comme une immense agression : « J'étais au paradis avec ma mère [...] Mon père, en rentrant, a amené l'enfer à la maison. » Dans le réel des camps, le père a peut-être été un héros, un traître ou un diable, l'enfant ne peut pas le savoir. Il sait ce qu'il sent : héros, traître ou diable. Ce qui a préparé l'enfant à éprouver

3. Lejeune A., Delage M., *La Mémoire sans souvenir, op. cit.*, p. 94-98 ; Bowlby J., *Attachement et perte*, volume 1, *op. cit.*

4. Allouche M., Masson J.-Y., *Ce qu'il reste de nous. Les déportés et leurs familles témoignent*, Paris, Michel Lafon, 2005, p. 39.

sa sensation, c'est sa propre construction mentale, avant le retour du père.

Si l'enfant a été auparavant vulnérabilisé par un accident de la vie, une maladie ou une hospitalisation, il a acquis un sentiment d'insécurité qui a suractivé l'attachement à sa mère, seule base de sécurité dans un monde hostile. Le père rentrant chez lui après la guerre sera vécu comme un diable détruisant ce paradis.

Si l'enfant a été isolé sans aucune base de sécurité, il aura acquis une vigilance glacée car, pour lui, toute information nouvelle provoque une inquiétude : « Que vient faire chez moi cet inconnu qui se dit mon père ? » Un tel sentiment de méfiance fera facilement venir en conscience le mot « traître »[5].

Si l'enfant a été sécurisé par sa mère, malgré le contexte de guerre, et s'il a trouvé autour de lui des substituts paternels, comme un oncle, un ami, un grand frère ou une autre femme, le retour du père sera vécu comme une fête, une aventure, un phénomène inattendu et stimulant : c'est agréable de rencontrer un héros ! Selon la construction mentale antérieure, le père sera accueilli comme un héros, un traître ou un diable.

Nous ne sommes pas maîtres du sens que nous attribuons aux choses, mais nous pouvons agir sur le milieu qui agit sur nous et façonne les sentiments qui donnent du sens aux choses. Le récit de soi qui donne une forme verbale à la manière dont on ressent les événements

---

5. Finzi R., Cohen O., Sapier Y., « Attachment styles of maltreated children : A comparative study », *Child Psychiatry and Human Development*, 2000, 31 (2), p. 113-128.

dépend de son articulation avec les récits d'alentour, familiaux et culturels[6]. Comme le sujet n'arrête pas de vieillir et comme les expériences de sa vie modifient sans cesse sa manière de voir les choses, comme les familles ne cessent de changer avec les mariages, les naissances et les morts, comme les cultures ne cessent de débattre, d'envisager les problèmes différemment et comme la technologie est en train de provoquer une évolution culturelle fulgurante, vous pensez bien qu'il est impossible de ne pas remanier, de ne pas voir autrement la représentation de son passé. Mais nous avons notre mot à dire : « Ce qui importe [...], c'est de transformer la tragédie en triomphe et de convertir la conjoncture en une réalisation humaine[7]. »

Penser le trauma est radicalement différent de penser au trauma. Penser le trauma, c'est faire un travail intellectuel et affectif qui aide à transformer la représentation du malheur, afin de reprendre une nouvelle évolution (ce qui définit le processus de la résilience). Alors que penser au trauma, c'est réviser sans cesse le scénario du malheur, renforcer la mémoire traumatisée, faciliter la répétition, empêcher toute évolution, se rendre prisonnier du passé, ce qui définit le syndrome psychotraumatique.

Est-il possible de penser le rien quand on a été abandonné à la naissance et probablement isolé jusqu'à

---

6. Fivush R., « Constructing narrative, emotion and self in parent-child conversation about the past », *in* U. Neisca, R. Fivush (dir.), *The Remembering Self : Construction of Accuracy in the Self-Narrative*, Cambridge, Cambridge University Press, 1994, p. 136-157.
7. Frankl V., *Man's Search for Meaning*, Boston, Beacon Press, 1959, p. 123.

l'âge de 7 mois comme Jean Genet, quand on a perdu sa mère à l'âge de 18 mois après avoir été aimé comme Tolstoï, quand on a étranglé sa femme au cours d'un accès de confusion mentale qui ne laisse qu'un brouillard dans la mémoire comme Louis Althusser ? Comment penser le manque de Jean Genet, la perte de Tolstoï ou la brume d'Althusser ?

CHAPITRE 29

ÉCRIRE POUR SORTIR DU TOMBEAU

« Au cours d'une crise intense et imprévisible de confusion mentale, en novembre 1980, elle qui m'aimait au point de ne vouloir que mourir... j'ai étranglé ma femme[1]. »

En mars 1985, Louis Althusser, philosophe de grande renommée, après trois années passées dans des cliniques psychiatriques, bénéficie d'un « non-lieu ». À l'origine du malheur, la brume, la confusion mentale, suivie d'un silence de trois ans. Disparu parmi les disparus d'un hôpital pour fous, « non-lieu », il ne s'est rien passé, j'ai étranglé ma femme, « non-lieu », je peux rentrer chez moi, on ne me reproche rien, « non-lieu ».

Louis Althusser a rempli son existence avec la pensée. Soudain, rien à penser ! Brouillard, silence, disparition. Pour reprendre vie, il doit penser l'impensable, remplir d'idées le gouffre à l'origine de son malheur. Primo Levi, dans une situation, elle aussi, impensable,

---

1. Althusser L., *L'avenir dure longtemps*, suivi de *Les Faits*, Paris, Stock, 1992, p. 9.

parle d'« une mystérieuse nécessité[2] ». Comment vivre dans un vide, comment décider, comment se diriger ? Tout se vaut quand il n'y a rien : ici ou là, debout ou couché, mort ou vivant, quelle différence ? Pas d'orientation quand la vie n'a plus de sens. Mais quand il reste une flammèche d'espérance, une mystérieuse nécessité contraint le philosophe à prendre la parole. La parole parlée est à peine possible. Comment dire : « Il faut que je te dise que j'ai étranglé ma femme et que j'ai besoin de t'en parler pour mieux me comprendre » ? La parole écrite offre une solution décente à cette mystérieuse nécessité : « Je vais chercher dans mon passé les fragments de mon moi fracassé et, comme je n'aurai pas d'interlocuteur visible, le cheminement de ma pensée sera authentique. Je vais écrire "une espèce d'autobiographie[3]", faire une enquête sur ce trouble, recueillir les témoignages des journalistes, des psychiatres et de mon psychanalyste. Eux, pourront me dire ce qui m'est arrivé. Grâce à cette méthode, je vais enquêter sur moi, comme si j'étais une personne étrangère. »

La plupart des « autobiographies » correspondent à cette stratégie qui, en se considérant soi-même comme un objet d'étude, facilite la mise à distance qui contrôle les émotions. Il ne s'agit donc pas de tout dire, ce qui serait illusoire et indécent… Il s'agit de ne dire que ce qui peut alimenter une théorie, donnant ainsi un aspect de plaidoyer à ces « autobiographies ».

---

2. Levi P., *Conversations et entretiens*, Paris, 10/18, 1998, p. 165.
3. Althusser L., *L'avenir dure longtemps*, *op. cit.*, p. 451.

Althusser avait déjà tenté une autobiographie qu'il avait montrée à Sandra Salomon en 1978. Après la tragédie de 1980 (« je m'aperçois que je n'ai pas osé écrire le mot "assassinat" »), il reprend son projet : « Je vais pouvoir […] réécrire mon autobiographie, que je vais engrosser de souvenirs réels et d'autres imaginaires[4]. » Cette honnêteté philosophique est aujourd'hui confirmée par les travaux neurologiques : un souvenir conscient résulte de la convergence de diverses sources de mémoires, « déformations de souvenirs sous l'influence de l'entourage […] productions fausses […] chez des personnes sensibles à la suggestion […] fausses reconnaissances […] cryptomnésies […] où l'on s'attribue la paternité d'une réussite […] qui vient en fait de quelqu'un d'autre[5] ».

Quand j'ai fait une recherche sur mes souvenirs d'enfance, pendant et après la Seconde Guerre mondiale[6], enquête sur moi comme sur un autre, j'ai été stupéfait par l'association de segments de mémoire hyperprécis, gravés dans ma mémoire, et confirmés par les archives et la visite des lieux. J'ai été ahuri par la clarté d'autres souvenirs, indiscutables dans ma mémoire, et pourtant disqualifiés par les archives et les visites sur place. Toute autobiographie est forcément une représentation du passé, une élaboration entre ce qui a existé dans le réel passé et s'est associé à d'autres sources de mémoire, le tout synthétisé pour faire un

---

4. *Ibid.*, p. 16.
5. Lejeune A., Delage M., *La Mémoire sans souvenir, op. cit.*, p. 202 ; Schacter D., *À la recherche de la mémoire*, Bruxelles, De Boeck, 1999.
6. Cyrulnik B., *Sauve-toi, la vie t'appelle, op. cit.*

souvenir. L'intentionnalité de la mémoire saine illustre notre état d'âme le jour du souvenir. C'est à la lumière du présent qu'on éclaire le passé. Mais quand on ne peut pas faire ce travail d'illustration parce que l'événement est embrumé ou parce que la représentation a été rendue impossible par le non-lieu, Althusser n'a rien à dire : « Le destin du non-lieu, c'est en effet la pierre tombale du silence[7]. » Quand on se laisse piéger par l'impossibilité de se représenter son passé, on vit dans une tombe. Alors, il faut écrire pour sortir de la brume.

Dès l'instant où un récit personnel est socialisé, il se transforme en mythe et se stéréotype. Il m'arrive souvent de participer à des réunions médicales où l'on me présente en tant qu'« enfant arrêté par la Gestapo, le 10 janvier 1944, parvient à s'évader, recueilli par des Justes, placé dans des institutions, il va nous parler des "atrophies fronto-limbiques dans le syndrome psychotraumatique"[8] ». Est-ce ainsi qu'on présente un auteur de publication médicale ?

Un récit mythique n'est pas un mensonge, il raconte un monde vu au travers d'une loupe qui grossit un segment de réalité. À force de simplification et d'amplification on obtient un scénario stéréotypé. Acte I : Nous étions heureux dans notre vie de famille. Acte II : Soudain surgit le trauma, comme un monstre insensé. Acte III : Les survivants endoloris se remettent à vivre. Tout est vrai dans ce scénario qui engourdit l'âme des lecteurs, qui s'écrient : « Il faut arrêter de

7. Althusser L., *L'avenir dure longtemps*, *op. cit.*, p. 36.
8. Colas A., colloque « Résilience », Paris, Val-de-Grâce, 16 avril 2018.

parler de ça ! La guerre, la persécution, c'est fini depuis longtemps. » Cette phrase, je l'ai entendue dès 1946.

Deux grands dangers menacent la mémoire. Le premier, c'est de ne pas avoir de mémoire, ce qui nous fait vivre dans une tombe. Le second, c'est d'avoir de la mémoire et de nous en rendre prisonnier. La seule bonne stratégie, c'est d'élaborer, se donner de la peine, afin de donner du sens aux faits.

Quand Althusser se regarde vivre comme un autre, en se prenant lui-même pour un objet d'étude, il avoue, lui le philosophe, que son humeur sombre et mélancolique a été très soulagée par une substance chimique : « J'ai sans doute baissé trop vite [...] ma drogue maîtresse (Upstène)[9]. » Ce médicament qui augmente la transmission de la sérotonine, neuromédiateur qui relance l'humeur, a été jugé prodigieusement efficace par les patients et les médecins. Il a pourtant été retiré du commerce en 1985 à cause d'un risque d'altération des cellules hépatiques, pour 1 cas sur 20 000 prescriptions, danger inférieur à celui de l'aspirine et du cannabis.

Althusser a décrit en termes cliniques la mémoire particulière du syndrome psychotraumatique : « Autour d'un flou [...] tout se brouille, je devais me réveiller [...] Et soudain je suis frappé de terreur : ses yeux sont interminablement fixes et surtout voici qu'un bref bout de langue repose, insolite et paisible, entre ses dents et ses lèvres. [...] Je me redresse et hurle : j'ai étranglé Hélène[10]. »

---

9. Althusser L., *L'avenir dure longtemps, op. cit.*, p. 409.
10. *Ibid.*, p. 34.

C'est ainsi qu'on décrit la mémoire traumatique :
soudain dans une brume, une image s'empare de notre
esprit, « un bref bout de langue » nous fascine, nous
empêche de voir ou de penser à autre chose. Cet objet
« insolite et paisible » désigne l'horreur : « J'ai étranglé
Hélène. » L'esprit d'Althusser, capturé par un détail
hypersignifiant, noyé dans une image floue, est figé
par l'horreur. Le non-lieu de la justice, fondé par l'état
mental au moment du crime, a aggravé l'impossibilité
de penser, comme si le jugement avait énoncé : « Il a
étranglé sa femme, mais il n'y a pas lieu de le poursuivre car il a commis ce geste au cours d'un accès de
confuso-onirisme. » L'article 64 du Code pénal l'a jugé
non responsable... Il a tué sa femme comme si de rien
n'était !

Comment comprendre ça ? Pour se remettre à
vivre quand on ne peut plus parler parce que l'émotion
nous rend muet et que la société nous fait taire, il reste
l'échappée de l'écriture. Dans le repli sur soi, dans la
plongée intérieure, on va chercher des mots pour donner forme à quelques idées qu'on adresse aux lecteurs,
amis réels et invisibles. On se met au clair, on sort du
tombeau de la non-pensée, on reprend conscience.

Ce travail de l'écriture a été expliqué par Antonin
Artaud : « Nul n'a jamais écrit ou peint, sculpté, modelé,
construit, inventé que pour sortir en fait de l'enfer[11]. »
L'écriture dans cette fonction ne guérit pas du malheur passé, mais elle permet de s'installer dans un autre
monde où il fait meilleur vivre.

---

11. Artaud A., *Van Gogh. Le suicidé de la société* (1947), Paris, Gallimard, 2001.

Il est un fait que la pulsion s'éteint quand elle est satisfaite, elle « prend une valeur autoérotique et permet sous certaines conditions des conduites d'attente, notamment chez le bébé[12] ». Un nourrisson qui a besoin de téter s'oriente vers le mamelon, mais quand le sein n'est pas là, la tension augmente et le bébé exprime sa frustration par des cris et des pleurs. Le suçotement d'une tétine, substitut de mamelon, apaise la tension. De même, en cas de frayeur, l'enfant se jette dans les bras d'une figure d'attachement qui le sécurise. Dès qu'il est satisfait, le besoin de sécurité s'éteint et le bébé ose explorer son environnement. Il cherche à repérer la source de sa frayeur, l'analyser, la comprendre et ainsi la contrôler[13].

L'écriture aurait-elle cette fonction d'apaisement ? Après la phase de sidération traumatique, quand la vie psychique lentement se réveille, elle peut être aiguillée dans deux directions opposées : celle de la rumination si le blessé est laissé seul ou celle de la métamorphose de l'horreur quand le traumatisé soutenu a la possibilité de s'expliquer. Il peut alors faire un travail de parole parlée en s'adressant à une base de sécurité familiale, amicale ou professionnelle. Il peut aussi faire un travail de parole écrite, en s'adressant aux lecteurs, ses amis invisibles.

Les tragédies ne manquent pas dans la condition humaine. Après chaque guerre on constate un rebond

---

12. Debray R., « Pulsion », in D. Houzel, M. Emmanuelli, F. Moggio (dir.), *Dictionnaire de psychopathologie de l'enfant et de l'adolescent, op. cit.*, p. 609-610.
13. Guedeney N., Guedeney A., *L'Attachement. Concepts et applications*, Paris, Masson, 2005, p. 9-10.

de littérature où les auteurs éprouvent du plaisir à chanter les exploits d'un héros, à émouvoir en racontant
l'histoire d'une victime innocente, à provoquer un sentiment de révolte en enquêtant sur le machiavélisme
des agresseurs, à enthousiasmer la foule en décrivant
la fin glorieuse d'un régiment décimé ou d'un groupe
de civils résistants armés. Que du malheur dans le réel
qui a provoqué le besoin d'écriture ! Que du bonheur
dans l'écriture !

Après la guerre de 14-18, un psychiatre, William
Rivers, avait constaté que, après la bataille, un grand
nombre de soldats souffraient de « souvenirs flashs »,
quand des images d'horreur s'imposaient dans leur
psychisme[14]. Il demanda à certains soldats traumatisés d'écrire une petite histoire romancée pour raconter
ce qu'ils avaient subi dans les tranchées. La plupart
des soldats-auteurs ont fait un récit à la troisième personne : « Il faisait une partie de belote quand soudain
un éclat d'obus a arraché la mâchoire de son parte-
naire. » Pourquoi ce « il » à la place du « je » ? Parce
que l'usage de la troisième personne met un peu de
distance dans la représentation de l'horreur. En utilisant
le « je », le soldat-auteur aurait réveillé la mémoire d'une
émotion insoutenable. La gorge serrée, il se serait tu et
n'aurait pas pu faire un travail de maîtrise émotionnelle.

Au moment de l'exercice d'écriture, la plupart des
soldats souffraient de souvenirs flashs et de cauchemars
qui envahissaient leur âme et empoisonnaient leurs

---

14. Rivers W. H. R., « The repression of war experience », *The Lancet*, 1918, 1,
p. 173-177, *in* Schacter D., *À la recherche de la mémoire, op. cit.*, p. 243.

relations. Certains ont refusé d'écrire et d'autres se sont appliqués à devenir indifférents pour moins souffrir. Quelques mois plus tard, les non-romanciers souffraient encore de l'horreur des tranchées, alors que le groupe de soldats romanciers avait adouci la connotation affective des images d'horreur. Leur mémoire n'était pas altérée, ils se rappelaient clairement les événements de la guerre, mais, ayant acquis une maîtrise émotionnelle, ils parvenaient à en parler, et cherchaient à comprendre pour réapprendre à vivre.

Ce travail précurseur, publié en 1918, n'a pas été suivi d'autres publications comme il est d'usage dans les milieux scientifiques. Les discours collectifs racontaient à cette époque que les soldats qui souffraient après la bataille étaient des traîtres ou des simulateurs. Il fallait les juger et les punir, personne ne pensait à les aider[15].

15. Clervoy P., « Les suppliciés de la Grande Guerre », *in* B. Cyrulnik, P. Lemoine (dir.), *La Folle Histoire des idées folles en psychiatrie, op. cit.*, p. 51-76.

CHAPITRE 30

L'EFFORT D'ÉCRIRE MODIFIE L'HISTOIRE

Ce n'est pas l'acte d'écrire qui a un effet créatif, c'est l'élaboration permise à l'occasion de l'écriture. Certains préfèrent s'exprimer par la poésie, la peinture ou le cinéma. Ce qui soigne, ce n'est pas le papier ou la pellicule, c'est le projet d'accomplir une œuvre, la rêver, la préparer, la fabriquer de façon à transformer son trauma en ouvrage socialisant. C'est pourquoi la plupart des auteurs disent : « J'écris pour témoigner, afin que cette horreur ne revienne jamais. Il faut que le monde sache... »

Il arrive qu'on écrive sans élaboration, en jetant des mots sur le papier ; l'écriture, dans ce cas, peut devenir un piège. En répétant l'horreur au moment de tracer les mots qui l'évoquent, on renforce la mémoire traumatique, on ne fait que réviser, revoir les circonstances de l'agression, ce qui mène à l'isolement relationnel et à la dépression.

Les paranoïaques ou ceux qui souffrent de psychose hallucinatoire chronique écrivent énormément, donnant ainsi une forme palpable à leur délire. L'écriture dans cette fonction ne les aide pas à évoluer, à changer de point de vue, à voir les choses autrement. Au contraire même, leurs dossiers, leurs cahiers deviennent des objets fabriqués pour renforcer le postulat délirant. Le paranoïaque se sent plus fort quand il a constitué un classeur de papiers administratifs, de lettres, de témoignages et de factures. Il fabrique ainsi une arme d'écritures qui lui donnent raison, celle du plus fort.

Certains délirants chroniques passent des mois et des années à remplir des cahiers bourrés de notes, de résumés, de considérations écrites avec des encres de toutes les couleurs qui soulignent et encadrent des dessins explicatifs et des sentences dont ils sont fiers. Ils serrent contre leur cœur cette œuvre d'art, ils l'emportent dans leurs visites, la montrent et la commentent à qui veut bien l'entendre. Cette écriture-là ne permet pas la mise à distance qui maîtrise l'émotion du malheur passé. Les psychotiques, en écrivant, fabriquent une œuvre de vérité qui concrétise leur délire. Ils aiment leur cahier de notes qui leur donne une sensation de vérité : la preuve que les Martiens vont envahir la Terre, la confirmation qu'on leur a coupé la tête 7 367 fois et qu'ils ont plongé au fond des océans pour remonter un trésor qui fera taire ces journalistes qui envoient des ondes pour posséder leur âme et osent commenter au journal télévisé les sensations intimes de l'auteur du cahier : « De quel droit font-ils ça ?, dit l'écrivain, indigné. Ce que je dis est vrai puisque c'est écrit. »

Les psychotiques sont sécurisés quand quelqu'un veut bien lire quelques pages ou écouter l'auteur qui lit à haute voix les prodiges de son existence. C'est ainsi qu'ils socialisent leurs délires et se font piéger par l'écriture. On peut considérer ce travail d'écriture délirante comme un facteur de protection puisque l'auteur se sent mieux, mais on ne dira pas que c'est un facteur de résilience puisqu'il ne reprend pas une évolution mentale. Au contraire même, il se fige dans un cahier qu'il aime et qui matérialise son délire.

Pour déclencher un facteur de résilience, l'écriture ne doit pas être un rapport de police, elle doit élaborer, envisager plusieurs possibilités : « Quelle que soit la précision des détails vrais ou faux [...], l'ironie, la passion, la sécheresse ou la passion dont je pourrais les enrober [...], je ne parviendrai qu'à un ressassement sans issue. [...] J'écris parce que [...] j'ai été parmi eux, ombre au milieu des ombres, corps près de leur corps ; j'écris parce qu'ils ont laissé en moi leur marque indélébile et que la trace en est l'écriture[1]. »

Un orphelinage précoce laisse la trace d'un manque dont l'enfant ne prend pas conscience puisqu'il se développe tant bien que mal dans la niche sensorielle où la vie l'a déposé. S'il perd sa mère et si son milieu lui propose rapidement un substitut affectif, l'enfant reprendra un bon développement. S'il perd sa mère et s'il est laissé seul, il aura peu de chances de se remettre à évoluer. Si son père meurt, la société logiquement laisse l'enfant dans les bras de sa mère chagrinée par le deuil. Elle ne pourra lui offrir qu'une niche sensorielle morne, abattue, dans laquelle il se développera

---

1. Perec G., *W ou le Souvenir d'enfance*, op. cit.

difficilement. Ce résultat contre-intuitif n'est valable qu'en Occident. Dans les cultures où le groupe entier est chargé de s'occuper de tout enfant, la mort d'un parent modifie peu le développement du petit car le groupe lui fournit aussitôt des substituts.

De nombreux écrivains ont été des orphelins précoces. Fernando Pessoa, Guillaume Apollinaire, Stéphane Mallarmé, Jean Cocteau, mille autres à coup sûr, ont gardé dans leur mémoire la trace du manque, sans vraiment savoir ce qui leur a manqué. Un sentiment mal conscient donne à leur monde un goût de tristesse : « Quel événement fatal, maladroit et cruel, dès mon enfance – ma tendre enfance – me fit ainsi bouder la vie[2] ? » Les bébés sécurisés acquièrent presque tous l'appétit de vivre, il leur suffit d'apprendre ce qu'il faut faire pour satisfaire cette faim. Les isolés précoces « boudent la vie », ils n'acquièrent pas l'impulsion à chercher les petits bonheurs de l'existence. Ils ont appris un attachement évitant, ambivalent ou confus qui va rendre désagréables leurs rencontres. Le réel est insu, ils ne savent pas pourquoi ils « boudent la vie », ils savent ce qu'ils sentent. Plus tard, l'écriture donnera une forme verbale grognonne à leur goût du monde. Pour les isolés précoces, l'existence est amère, c'est une évidence pour eux. Mais pour découvrir pourquoi ils se sentent facilement maussades, il faut poser la question aux neurosciences, comme on le fait aujourd'hui.

---

2. Genet J., *Fragments… et autres textes*, Paris, Gallimard, p. 85, *in* J.-P. Renault, *Une enfance abandonnée*, Paris, La Chambre d'Échos, 2000.

Vers l'âge de 7 ans, les neurones préfrontaux, socle de l'anticipation, se développent, arborisent et entrent en connexion avec les neurones du système limbique, qui permettent la mémoire et les émotions[3]. À ce stade, les enfants acquièrent la représentation du temps, ils deviennent neurologiquement capables d'associer ce qui s'est passé avec ce qui va se passer. Ils peuvent alors donner sens à ce qu'ils perçoivent. Si, à ce stade de leur développement, un parent disparaît, ce ne sera plus une sensation de manque, c'est un sentiment de perte que l'enfant éprouvera. Hyperconscient de ce qu'il n'a perdu, il souffrira d'un chagrin de deuil et se sentira orphelin. La représentation qui lui vient en tête est celle d'un passé où : « J'avais une mère, j'étais heureux avec elle... J'admirais mon père qui partait à la guerre... » Pour combler un tel sentiment de perte, il faut parler du disparu, mettre en scène des rituels de deuil, écrire pour remplir la « marque indélébile dont la trace est l'écriture ».

Quand un parent meurt ou disparaît avant que l'enfant ait accès à la représentation du temps, la niche sensorielle appauvrie stimule mal le développement de l'enfant. S'il n'y a pas de substitut affectif, la fragilité des tuteurs de développement induit une croissance altérée. L'enfant n'éprouve pas le sentiment de perte puisqu'il ne peut pas se dire : « Je l'avais... je ne l'ai plus... je l'ai perdu. » Il ne prend pas conscience du sentiment de manque, mais se demande pourquoi il « boude la

---

3. Tucker D. M., Derryberry D., Luu P., « Anatomy and physiology of human emotion : Vertical integration of brain stem, limbic and cortical systems », *in* J. C. Borod, *The Neuropsychology of Emotion*, Oxford, Oxford University Press, 2000, p. 56-79.

vie », s'isole ou se cache tellement il craint les relations humaines.

L'appauvrissement de la niche sensorielle qui aurait dû tutoriser les développements de l'enfant altère le fonctionnement cérébral et rend l'enfant incapable de maîtriser ses pulsions[4]. Quand l'objet d'amour est perdu, on ne pense qu'à lui, on s'entoure de photos, on construit des mausolées, on écrit des récits élogieux et émouvants. L'objet n'est plus là, mais sa trace imprégnée dans la mémoire le rend encore perceptible. Quand l'objet n'a jamais été là, il n'a pas pu s'imprégner dans le cerveau, l'enfant n'a pas pu acquérir la confiance en soi qui facilite les relations et les rend agréables. Au contraire, il est tellement insécurisé qu'il ressent toute rencontre comme une agression. Cette craintivité acquise l'entraîne à alterner le repli sur soi et l'impulsion surprenante. Le sujet ainsi sculpté par un milieu appauvri s'inhibe ou passe à l'acte sans prendre le temps de juger.

Jean-Paul Sartre et Jean Genet ont rempli le vide de la disparition de leur figure d'attachement en produisant des objets de remplacement fâcheux, sales, mous, pourris, visqueux : « Moi, j'ai les mains sales. Jusqu'aux coudes. Je les ai plongées dans la merde et dans le sang[5]. » Antoine Roquentin, le héros porte-parole de Sartre, éprouve la nausée du monde devant

---

4. Cohen D., « The developmental being, modeling a probabilistic approach to child development and psychopathology », *in* M. E. Garralda, J.-P. Raynaud (dir.), *Brain, Mind and Developmental Psychopathology in Childhood*, New York, Jason Aronson, 2012, p. 3-29.
5. Sartre J.-P., *Les Mains sales* (1948), Paris, Gallimard, « Folio », 1972.

la bourgeoisie et le nazisme montant[6]. Fascinés par les ordures et par la violence des désespérés, ces deux auteurs vivent dans un monde mental de même famille. Mais quand Jean-Paul Sartre encense Jean Genet et le met sur un piédestal, il ne comprend pas, lui, le fils de bourgeois, que l'enfant abandonné se sent plus à l'aise dans les boîtes à ordures, dans les camps de persécutés que dans les salons où l'on parle de littérature. Alors Sartre et Genet ont dû divorcer.

Le père de Jean-Paul Sartre est mort quand son fils avait 16 mois. L'enfant n'a pas de souvenirs de son père, mais il a la trace du père disparu. Genet a très probablement été isolé à une époque où les neurones bouillonnent pour faire des connexions synaptiques, avant d'être accueilli dans une famille aimante. Mais la trace du manque était dans son âme et lui avait appris à « bouder la vie ». Chagrin inexplicable, permanent, comme ces bébés « inconsolables[7] » qui ont tout pour être heureux, mais qui éprouvent sans cesse un désespoir abandonnique. Ils alternent le retrait de la vie avec la rage explosive, ils se sentent partout à l'étranger, ils n'éprouvent jamais l'authenticité des relations affectives : « Il dit qu'il m'aime, quel hypocrite ! »

« Il était d'ici sans être d'ici, il voulut être de nulle part[8]. » Il faut fuir, aimer d'amours brèves et surtout ne pas s'attacher. Jean Genet souffre d'abandonnique, mais pas de carence affective. Il se sent mal aimé, s'applique

---

6. Sartre J.-P., *La Nausée*, Paris, Gallimard, 1938.
7. Brazelton T., Sparrow J., *Apaiser son enfant*, Paris, Fayard, 2004.
8. Renault J.-P., *Une enfance abandonnée*, op. cit., p. 26.

à être mal aimé, tant il craint l'affection qui l'enchaîne-rait. Il reste étranger aux signaux affectifs de sa famille d'accueil. Il n'est pas ému par les tendres appels des Regnier : « Mon p'tit Jeannot », ou « Mon p'tiot ange du bon Dieu ». « Ces gens sont payés pour me loger et me nourrir, pense le petit Jean. Leurs mots affectueux sonnent mal… Je me sens mieux en ne m'attachant pas… Il faut trahir les gens qui nous aiment, c'est néces-saire pour gagner sa liberté. » « Ta mère n'est pas ta mère… Ta maison n'est pas ta maison, tu es un enfant trouvé », lui dit-on à l'école. « L'attachement est trop cher payé, je préfère ma liberté », aurait pu dire l'enfant qui se sent mieux en n'aimant pas.

Genet, par brefs instants, se blottit contre sa mère d'accueil, mais cet élan affectif n'est pas durable. La « nuit gelée que je porte en moi en tous lieux[9] » refroidit mon élan et me donne la liberté de ne pas m'attacher. Enfant, il n'a jamais senti l'adoration que Mme Regnier éprouvait pour son « ange du bon Dieu ». Sa manière d'aimer évitante, acquise au cours des premiers mois de son isolement sensoriel, l'a rendu distant, libre et seul : « L'habitude abandonnée de mon enfance abandonnée me reprit tout le reste de la journée et toute la nuit, je bâtis une vie imaginaire[10] », ou : « Je me suis entraîné très jeune à avoir des émotions telles qu'elles ne pour-raient me mener que vers l'écriture. »

Quand, dans un désert de glace, l'écriture offre une oasis de beauté, comment ne pas s'y réfugier ?

---

9. Genet J., *Un captif amoureux*, Paris, Gallimard, 1986.
10. Genet J., *Miracle de la rose, op. cit.*, p. 290.

Un développement normal aurait banalisé sa vie : « Si j'étais resté où j'ai passé mon enfance, je serais devenu domestique de notaire[11]. » La trace de son agonie psychique est restée dans son cerveau. Réchauffé par la famille Regnier, Genet ne se sentait vivre que dans l'écriture. À l'âge de 16 ans, arrêté à Toulon pour vagabondage, il dit : « Je suis coupable [...], mais [...] je crois que vous me pardonnerez. [...] Je suis maintenant sorti de la plèbe dans laquelle j'étais enlisé [...] Tout à mes rêves dorés, vous êtes présent à mon souvenir[12]. »

---

11. Renault J.-P., *Une enfance abandonnée*, *op. cit.*, p. 97.
12. « Dossier Jean Genet. Assistance publique de la Seine. Archives de la DASES. Vagabondage à Toulon, 1926 (16 ans) », *in* I. Jablonka, *Les Vérités inavouables de Jean Genet*, *op. cit.*, p. 76.

CHAPITRE 31

DANS LA BOUE, AVOIR DES RÊVES DORÉS

Cette stratégie d'existence caractérise un grand nombre d'écrivains. « Devenu riche, libre et célèbre, Genet préférait vivre seul dans des hôtels minables, généralement aux abords d'une gare[1] » comme les clochards. C'est dans une chambre pouilleuse, puante et en désordre que Leïla Shahid, la représentante de la Palestine en France, est venue lui dire adieu, peu avant sa mort en 1986. Comme Rimbaud, Genet aimait les mauvaises odeurs : « Les cabinets étaient la couveuse de son imagination, un lieu somnolent et sombre où il pouvait respirer ses propres odeurs, ces preuves d'une corruption interne[2]. »

Depardieu n'a pas connu de carence affective. Au contraire même, la niche sensorielle qui a façonné son tempérament était riche en stimulations, grâce à sa mère, son père, ses frères, ses sœurs et ses copains de rue. On est loin de l'isolement sensoriel, mais on

---

1. White E., *Jean Genet, op. cit.*, p. 13-14.
2. *Ibid.*, p. 14.

est loin aussi de la parole, car ce milieu riche en gestes était pauvre en mots. « Quand tu ne comprends pas, souris », lui disait son père. En effet, au début d'une maladie d'Alzheimer, quand un malade commence à ne plus comprendre, il sourit et pointe du doigt pour désigner les objets qu'il ne peut plus nommer. Dans un tel milieu le petit Gérard, sécurisé par une niche sensorielle constante, a appris à structurer son élan affectif vers les autres avec des sourires, des actes et des poings, plus qu'avec des mots. Les sourds et les étrangers sourient pour ne pas faire répéter et donnent ainsi l'illusion qu'ils ont entendu. Mais ce type de relation n'apporte pas plus de plaisir que de côtoyer un étranger sympathique avec qui on ne peut rien échanger. Dans une telle relation, on sourit et on se crispe. Lorsque surviennent les mots, tout d'un coup la relation devient agréable et intime, c'est mieux que les coups de poing que Depardieu donnait sans haine, comme ça, un coup, faute de mots. Alors il a appris les mots des autres, les jolies phrases, les belles idées pour en faire un outil relationnel, un plaisir d'expressions. Dans un milieu équilibré qui lui aurait fourni sa ration d'affection, de gestes et de mots, peut-être serait-il devenu « domestique ou notaire ».

Je comprends sans peine le refuge dans la beauté verbale. Quand j'étais enfant, si j'avais dû m'adapter à l'isolation, à la privation alimentaire, à la solitude affective dans des institutions maltraitantes où l'on m'expliquait que l'assassinat de mes parents avait été nécessaire pour purifier la société, l'adaptation à un tel énoncé aurait été l'agonie psychique. J'y ai pensé parfois quand je me suis appliqué à devenir indifférent, je souffrais

moins en m'éteignant. Par bonheur, il y avait en moi
des braises de résilience, tracées dans ma mémoire par la
chaleur affective de ma mère et la vitalité de mon père,
juste assez pour me donner le bonheur de rêver. Alors, je
rêvais : un jour, je serais médecin pour faire plaisir à ma
mère, provoquer la fierté de mon père et me faire accepter par la société. Ce rêve était fou, dans les conditions
où j'étais. Pas de famille autour de moi, une chambre de
quelques mètres carrés sans eau ni chauffage où m'avait
recueilli une tante survivante endolorie par la guerre.
Un retard scolaire énorme, pas de bourse d'étude, car je
ne disposais d'aucun papier prouvant que mes parents
étaient morts, que j'avais été arrêté par la Gestapo, que je
m'étais évadé, que j'avais eu un faux nom, que j'avais été
sauvé par des Justes et placé dans une kyrielle d'institutions où les « moniteurs » n'étaient pas tous bienveillants.
Il m'a fallu plusieurs décennies pour prouver ces faits,
violemment inscrits dans ma mémoire, mais impossibles
à dire avec les mots de tous les jours.

Il fallait que je rêve pour ne pas être désespéré.
Alors j'imaginais des mondes sauvages, dépourvus d'êtres
humains, peuplés d'animaux qui ne me jugeaient pas.
Vers l'âge de 10 ans, j'ai inventé un monde habité par
des filles qui aimaient les animaux, s'exerçaient à être
belles, partageaient mes récits d'aventure et croyaient
les histoires que je leur racontais. Puisque les mots de
tous les jours n'étaient pas possibles, il fallait que je
compose des récits merveilleux capables d'émouvoir ces
fées. Pour le reste, les garçons suffisaient à la bagarre
où j'étais étonné par la dureté de leurs poings ou
lors des matchs de football où je n'étais pas terrible.

Mes histoires, en revanche, étaient extraordinaires. Je racontais comment le héros de mon roman parvenait à échapper à l'armée allemande grâce à une entente avec des chiens intelligents qui attiraient les soldats sur une fausse piste et les attaquaient pour me protéger. Je racontais comment j'avais découvert dans la forêt un arbre creux dans lequel j'avais construit un escalier qui menait à une salle souterraine, lumineuse, confortable où l'on se sentait en sécurité : les filles adoraient.

Ce goût de vivre, ce besoin de rêver étaient concrétisés par mon héros qui racontait comment il s'y prenait pour chasser les méchants, devenir metteur en scène et écrire des fictions plus vraies que nature : les filles étaient emballées.

Ces rêves éveillés traduisaient en termes partageables des situations impossibles à décrire avec des mots usés. Le refuge dans la rêverie a certainement joué un rôle dans le rattrapage de mon retard scolaire. Mais cette défense psychologique m'a entraîné à admirer les marginaux, non pas les délinquants qui blessent la société, mais les marginaux qui suivent leur chemin et réalisent leurs rêves fous, quelles que soient les conditions.

On est tous fascinés par ceux qui s'évadent, les prisonniers de guerre qui s'échappent des camps, les délinquants qui s'enfuient de leurs cellules, les marginaux qui se libèrent des entraves sociales. Seul, sans société, on ne pourrait pas vivre, mais dans une société, on étouffe : débrouillez-vous avec cette double contrainte. Dans le film *Les Quatre Cents Coups*[3], je garde un souvenir vif

---

3. Truffaut F., *Les Quatre Cents Coups*, film de 1959.

d'une scène où une classe d'enfants suit un adulte. À chaque coin de rue quelques gamins se dégagent du groupe et prennent un autre chemin. Un garçon, vêtu d'un pardessus trop grand pour lui, se cache dans une porte cochère, attend un peu, puis traverse la rue en claquant des doigts au rythme d'une musique imaginaire. Cette séquence m'a parlé si fort que je la vois nettement encore aujourd'hui. Or Genet a passé son enfance à s'évader. À 12 ans, le docteur Roubinovitch le place dans un patronage : il s'évade. On le retrouve, on le met en cellule : il s'évade. Enfermé à Marseille : il s'évade à nouveau. On pense à le mettre dans un hôpital psychiatrique, on le place à Abbeville où il se calme en attendant d'être gagé dans une verrerie.

Si Genet avait été un adolescent sage, il aurait appris un métier d'imprimeur, de comptable ou de jardinier peut-être. S'il avait été équilibré, il aurait accepté son destin sans être malheureux. Mais son rêve, trop fort, le préparait dès l'âge de 12 ans à son métier d'écrivain : « Je créais déjà en moi [...] l'observateur que je serais, donc l'écrivain que je deviendrais. » Ces mots sont pratiquement les mêmes que ceux que Georges Perec a prononcés à l'âge de 8 ans. Mais Genet ajoute : « J'aimerais tuer[4]. » Pour lui, le monde avait un goût d'agréable pourriture, le parfum fécal d'un « anus de bronze ». Pour Sartre, l'écœurante société bourgeoise lui donnait une nausée vertueuse. Pour Perec, il prenait la forme d'une absurdité criminelle. Pour d'autres orphelins, la rêverie donnait le

---

4. Genet J., *Notre-Dame-des-Fleurs* (1943), Paris, Gallimard, 1976, p. 107.

plaisir de la réhabilitation : « La gloire pour les Dumas [père et fils] n'est [...] qu'une surcharge recouvrant une épithète : bâtard[5]. »

Ces exemples me font comprendre que, si j'avais été équilibré, je serais devenu ébéniste, comme mon père, ou vendeur de meubles. Ce métier m'aurait rendu suffisamment heureux. Dans le contexte d'après-guerre, dans le fracas social et la fêlure affective, le refuge dans la rêverie m'a offert des moments merveilleux : quand on est médecin, quand on écrit des livres et qu'on habite au bord de la mer, on ne peut qu'être heureux, n'est-ce pas ? Dans la vie réelle, le parcours a été difficile, mais dans ce rêve émerveillant, presque délirant tant il était coupé de la réalité, la réussite a été un bénéfice secondaire de ma névrose. Un rêve délicieux m'a donné le courage morbide d'affronter un réel douloureux. Merci ma névrose ! Si j'avais été équilibré, j'aurais accepté une aventure sociale accessible, sans souffrance et sans rêves, qui m'aurait rendu platement normal.

Le thème du rêve révèle la personnalité du rêveur. Genet est fasciné par la brutalité anale : Les « bataillons de guerriers blonds qui nous enculèrent le 14 juin 1940 », quand Hitler « a fichu une raclée aux Français, eh bien oui ! j'ai été heureux[6] ». Quel plaisir d'agresser ceux qui ronronnent dans la vie ! Quel bonheur de bousculer les bourgeois béats ! Sartre, son associé mental,

5. Ledda S., Schopp C., *Les Dumas, bâtards magnifiques*, Paris, Vuibert, 2018.
6. Genet J., « Entretien avec Bertrand Poirot-Delpech », testament audiovisuel, 1982.

aime lui aussi attaquer les nantis gluants de richesse et les couples écœurants par leur affectivité sucrée. Il faut être libre, que diable ! Quitte à devenir « forçats de la liberté ».

CHAPITRE 32

COMMENT DÉGUSTER
L'HORREUR DES ŒUVRES D'ART

N'accusons pas trop Genet et Sartre, nous aussi nous érotisons les situations extrêmes, nous sommes fascinés par l'horreur des guerres, nous ralentissons pour mieux observer un accident de la route, nous regardons avec plaisir comment souffrent les alpinistes pour faire un pas de plus en gravissant l'Everest et le journal télévisé nous sert chaque soir tous les malheurs du monde. Pour cette même raison, Genet admire les jeunes miliciens qui, pendant la guerre de 1940, terrorisent la population des âmes rangées, puis il est attiré par le corps des Palestiniens réfugiés dans des camps après avoir été massacrés par l'armée jordanienne, puis il s'enthousiasme pour les Black Panthers aux États-Unis pour leurs « meurtres de flics, pillages de banque [...] causant effroi et admiration[1] », puis il défend la cause de la bande à Baader en Allemagne et de tous ceux qui

---

1. Genet J., *Un captif amoureux, op. cit.*, p. 425.

ont la chance d'être persécutés afin de légitimer leur propre violence.

La souffrance du manque contraint à la créativité pour ne pas rester vide, sans vie psychique. Mais ce que nous créons parle de notre monde intime, toute œuvre d'art est un aveu autobiographique : « La création est l'invention et la composition d'une œuvre, d'art ou de science, répondant à deux critères : apporter du nouveau et en voir la valeur reconnue par le public[2]. » Quand un enfant s'adapte, il n'a plus besoin de créer, au contraire même, il lui suffit d'apprendre les mots, les rituels et les théories du milieu auquel il désire appartenir[3]. Mais quand il veut devenir lui-même, il doit s'opposer : « La création apparaît alors comme le résultat d'une crise [...], après un traumatisme, ces ressources peuvent orienter vers un processus de résilience[4]. »

Un adulte qui manque de drogue prend conscience de la douleur du manque. Mais un enfant sans père se développe avec ce que son milieu dispose autour de lui, il ne prend pas toujours conscience de son manque de père. Il arrive que la mère efface le père parce qu'elle est plus vivante, sécurisante et active. La niche sensorielle est riche ; quand une telle mère prend le monopole des empreintes affectives, son dévouement pour l'enfant se transforme en capture amoureuse.

Romain Gary a connu cette merveilleuse prison. Le théâtre de son enfance en Pologne, quand il s'appelait

---

2. Anzieu D., *Le Corps de l'œuvre*, Paris, Gallimard, 1981.
3. Wulf C., « Mimésis et apprentissage culturel », *Sciences psy*, juin 2018, 14, p. 74-77.
4. Lejeune A., Delage M., *La Mémoire sans souvenir*, *op. cit.*, p. 232-233.

encore Roman Kacew, lui a appris à jouer mille personnages. Quand la niche est close et que l'enfant n'apprend à aimer qu'une seule figure d'attachement, il acquiert une confiance absurde : une seule maman, une seule maison, une seule langue donne à l'enfant une seule vision du monde. Sa mère est une figure d'attachement exceptionnelle, saillante, lumineuse, orageuse, amoureuse qui met à l'ombre un père flou, là-bas, on ne sait où.

Un père peut être mort et pourtant très présent. Le père de Guillemette est mort en Indochine, et pourtant pour l'enfant il n'a manqué que dans le réel. Des photos sur les murs d'un jeune soldat beau, mince et musclé, des armes en guise de décorations, des histoires souvent racontées par sa femme, sa famille et ses amis en ont fait un père présent dans l'âme de la petite fille, un père présenté par les récits d'alentour[5]. Malgré son absence dans le réel, il a pris dans les images et les mots la forme réelle d'une figure d'attachement.

Le chiffre 2 est indispensable pour apprendre à aimer. Lorsque les deux parents sont présents, associés et différenciés, le petit alterne ses regards vers l'un et vers l'autre au gré des interactions[6]. Il ressent pour chacun une émotion différente qu'il intègre dans ses manières d'aimer. Il apprend ainsi à aimer deux objets sensoriels que, plus tard, il appellera « maman » puis « papa ». Il dispose désormais de deux bases de sécurité efficaces et

---

5. Sairigné G. de, *Mon illustre inconnu. Enquête sur un père de légende*, Paris, Fayard, 1998.
6. Fivaz-Depeursinge E., Phillip D., Delage M., McHale J., *Le Bébé face au couple. Accompagner les familles avec les jeunes enfants*, Bruxelles, De Boeck, 2016.

différentes. Son monde vient de s'ouvrir en découvrant la différence.

Le petit Kacew, délicieusement capturé par sa mère, aurait pu devenir pervers puisqu'il se développait dans un monde sans altérité. Par bonheur, le contexte social a forcé l'enfant à s'ouvrir sur d'autres mondes. Romain parle russe, va à l'école en polonais, se sert de l'allemand pour les relations officielles, utilise le yiddish à la maison, l'anglais pour les voyages, et parfois l'espagnol et aussi l'italien. Ces langues éclairent mille mondes, les frontières n'existent pas quand on apprend à penser de tant de manières différentes. Pour le petit Kacew, l'étoile du berger qui montre le chemin n'est pas un père besogneux qui descend à la mine, se sacrifie dans les tranchées ou va au bureau le matin, c'est une mère, danseuse étoile qui imprègne l'esprit de son enfant en prédisant : « Tu seras ambassadeur de France, chevalier de la Légion d'honneur, grand auteur dramatique. Mon fils, je ferai tout pour toi tellement je t'aime et tellement j'admire ce que tu vas devenir. Ta réussite exceptionnelle me guérira des souffrances actuelles. Ce n'est rien tout ça, être chassée de son pays, ruinée par les antisémites, insultée dans la rue, ce n'est rien tout ça, quelques misères en attendant la merveille de ta réussite. » Cette mère qui se réfugie dans une rêverie flamboyante ne souffre que du réel, elle entraîne son fils à être heureux… ailleurs, dans un autre pays… une autre langue… une autre vie… un autre nom.

Une telle situation stimule l'attachement. Dans un monde social où la tempête souffle et pousse le couple vers les rochers, un seul phare oriente l'enfant, un seul havre le sécurise : sa mère ! Pas d'autre ancrage : pas de père, pas de famille, pas de groupe d'amis, pas de pays stable, pas de représentation de ses origines : sa mère, un point c'est tout. Romain Gary connaît mal sa filiation, il la devine dans le flou et l'imagine souvent. Suis-je d'origine russe, polonaise, balte, koursk, mongole ou tatare... ? Romain préfère rêver ses racines plutôt que les chercher. Immense bénéfice de ce flou des origines pour l'enfant qui peut mettre à la place du manque une foule de scénarios imaginés. C'est plus gratifiant, plus amusant, plus créateur qu'un catalogue de vieilles photos dans un classeur de papiers d'état-civil. C'est dans la brume qu'on devine les formes, c'est dans le manque qu'on écrit des récits d'aventures merveilleuses ou horribles, glorifiantes ou désespérantes. « Ma mère a certainement connu une brillante carrière théâtrale, ne vérifions surtout pas, ça pourrait briser le rêve et atténuer la fascination qu'elle exerce sur moi. Ma famille a probablement une racine mongole. Pourquoi ai-je du plaisir à imaginer une telle origine ? Parce qu'elle est lointaine, mystérieuse comme moi et que je trouve que les Asiatiques sont beaux. Notre enfance, celle de ma mère et la mienne, a été une aventure excitante. Nous avons connu mille déménagements, sept ou huit langues, cinq ou six nationalités, des amis, des ennemis, des Justes, des délateurs, des héros, des traîtres, quel roman magnifique à l'origine de moi... » La mesquinerie n'existe que dans la routine, le malheur donne un sentiment de grandeur. Un père guerrier ou mineur de fond aurait été héroïsé. Pas de père à la peine met sa mère en lumière et sert sa gloire. Elle a consacré sa force, son immense talent de couturière, de comédienne, de poétesse à faire de ma vie une aventure aussi belle que la sienne, une odyssée[7].

Avec les mêmes faits, Romain aurait pu écrire une litanie dépressive : abandonné par mon père, un homme mesquin et fourbe, j'ai dû subir une mère exaspérante à force de trop en faire, une mauvaise comédienne, une couturière médiocre facilement escroquée par des clientes antisémites, des gamins polonais, petites brutes humiliantes. Cette autre histoire aurait été aussi vraie que l'odyssée racontée par Romain Gary, mais la connotation affective aurait été différente. En dégustant ses rêves, Romain n'a pas boudé la vie.

Pour mieux rêver, Gary a intérêt à ne pas être précis : mon père, ce médiocre, n'est peut-être pas mon père. Ma mère a certainement connu une folle aventure avec Ivan Mosjoukine, étoile du cinéma muet. J'en suis le fruit secret, ce qui explique mon origine tatare... peut-être. C'est tout de même plus amusant que d'avouer : « Je suis le fils du médiocre Moïshe Kacew, artisan fourreur, ignorant que son bébé garçon vient d'arriver au monde, mobilisé dès la déclaration de guerre, peut-être disparu dans les fours d'Auschwitz, probablement enseveli dans une fosse commune où les Juifs de Lituanie étaient fusillés par paquets de cent. » Entre ces deux scénarios, lequel choisiriez-vous ? Aucun père n'a marqué son empreinte dans le psychisme de l'enfant. Romain préfère l'origine fantasmée du Tatare, cavalier des steppes que les commerçants payaient pour

---

7. Gary R., *La Promesse de l'aube, op. cit.*

faire des pogroms. « Gengis Cohn, c'est moi[8]. » En se désignant par le nom Gengis presque Kahn, il avoue du bout du stylo qu'il ne veut pas être du côté des persécutés, mais en écrivant Cohn, il exprime son ambivalence, car il doit reconnaître qu'il y a du Moïshe Cohn en lui.

Je comprends cette ambivalence de Romain Gary. Puisque je connais à peine mes origines, je ne peux que les imaginer. Un indice suffit à faire flamber mon imagination. Comme pour toute création littéraire, un pas grand-chose peut alimenter un récit. Un mot, une allusion, un détail déclenchent un roman des origines que certains trouvent plus exaltant qu'un dossier qui éteindrait le rêve.

8. Gary R., *La Danse de Gengis Cohn*, Paris, Gallimard, 1967.

CHAPITRE 33

NE SACHANT PAS QUI JE SUIS,
J'AI LE PLAISIR DE ME RÊVER

Pendant la guerre on m'a fait la leçon : « Tu t'appelles Jean Laborde, répète : "Je m'appelle Jean Laborde." Si tu dis ton nom, tu mourras et ceux qui t'aiment mourront à cause de toi. » Le vrai est dangereux, le faux me protège. Je n'aimais pas ce masque qui me sauvait la vie en me faisant comprendre que le réel est mortel. Seul l'imaginaire valait la peine et le plaisir de vivre. Plusieurs années plus tard, devenu étudiant en médecine, un interne qui parlait russe m'a demandé d'où je venais. J'ai bafouillé un truc qui voulait dire : « Je viens de je ne sais où. » Gentiment, il m'a expliqué qu'en vieux russe ou en ukrainien mon nom voulait dire « barbier-chirurgien ». Ça alors ! Je venais donc d'un pays ! J'ai été étonné par le bonheur que j'éprouvais à la simple idée de venir d'un quelque part que je ne connaissais pas.

Il n'y a pas longtemps, invité par l'Université de Wroclaw, en me promenant dans la vieille ville je vis de nombreuses affiches blanches, cerclées de volutes rouges, aux couleurs de la Pologne, sur lesquelles on pouvait lire : Cyrulnik Sevilsky. « Vous en faites trop, je suis gêné », ai-je dit à mes amis. « Mais non, ce n'est pas ce que vous croyez, m'ont-ils expliqué, Cyrulnik Sevilsky, ça veut dire : "Le barbier de Séville". » Vous ne pouvez pas savoir à quel point la banalité de mon nom m'a réconforté. Je portais donc, comme tout le monde, un nom qui venait de quelque part, d'une culture où il n'étonnait personne. Et même, il provoquait une aimable connivence : « Êtes-vous parent avec le violoniste ? avec le médecin de la rue Marcadet ? »

« J'ai toujours rêvé d'être Romain Gary et c'est impossible », disait Romain Gary[1]. « Je suis en train de construire une image de moi qui n'est pas moi », aurait-il pu ajouter. « J'écris un roman, un récit magnifique destiné à intéresser, à plaire à ma mère et aux lecteurs. Voilà pourquoi j'écris que je suis né à Wilno[2], à Moscou ou à Nice, qui se trouve aux environs de Koursk en Russie. Voilà pourquoi mes parents sont souvent français, parfois russes et rarement polonais. Le réel m'indiffère, je préfère me rêver. Sachant mal d'où je viens, sachant mal qui je suis, je ne peux que m'inventer. En devenant écrivain, je prends toutes les libertés. Si j'étais né d'un homme, d'un pays et d'une langue, je n'aurais pas eu à faire cet effort. Une telle réduction de mes possibilités aurait été bienfaisante car, en étant

---

1. Catonné J.-M., *Romain Gary, op. cit.*
2. Wilno (aujourd'hui Vilnius) a été russe depuis le XVIIIᵉ siècle avant de devenir polonais en 1920. On y parlait russe, et c'était une capitale de Juifs polonais !

cadré par quelques certitudes, j'aurais été paisible. Alors que la liberté que me donne la confusion de mes origines m'invite à mille scénarios, passionnants et épuisants. N'ayant aucune certitude, je suis un errant. Quel confort j'aurais éprouvé en me laissant piéger par une filiation tranquillisante ! » L'identité est une étiquette qui nous caractérise aux yeux des autres, alors qu'une confusion, un secret à l'origine, a donné à Gary la liberté de s'inventer, de souffrir sans cesse et de ne pas savoir s'il est aviateur, écrivain, ambassadeur ou explorateur.

Beaucoup d'enfants naissent aujourd'hui de parents inconnus quand le sperme d'un donneur pénètre l'ovule d'une donneuse, et que l'œuf fécondé dans une éprouvette est planté dans l'utérus d'une femme qui n'est que porteuse[3]. Les données biologiques sont-elles si importantes ? Avez-vous déjà pensé qu'un jour vous avez été spermatozoïde ? Vous aussi, madame. Et que, frétillant dans la trompe de Fallope, vous êtes entré dans l'ovule de madame votre mère ? Qui a pensé ainsi ? Personne ! Quand on imagine l'origine de soi, on cherche l'homme, on veut l'image, l'apparence physique qui donne corps à notre histoire. On rêve d'avoir une mère toujours belle, toujours jeune, on désire appartenir à une histoire merveilleuse ou horrible, à une langue, à des rituels de fêtes, de repas et de musiques[4]. On ne s'imagine jamais sous forme de spermatozoïde. Qu'on soit né de

---

3. Boublil M., « Secret des origines et origine du secret », *Médecine et enfance*, mars 2018, 3, p. 73.
4. Freud S., « Roman familial. Fantasme qui modifie imaginairement les liens avec ses parents », 1909 ; d'abord intégré dans O. Rank, *Le Mythe de la naissance du héros*, Paris, Payot, 1983.

LA NUIT, J'ÉCRIRAI DES SOLEILS

parents connus ou inconnus, d'un roi, d'une reine, d'un condamné de droit commun, d'un policier, d'un débile ou d'un prix Nobel, ce qui nous représente, c'est le récit de nos origines et non pas l'alcalinité vaginale de notre mère qui a sélectionné un spermatozoïde un soir de fol accouplement ou peut-être routinier. Le roman des origines donne forme au rêve de soi : « Je suis une princesse, volée dans son berceau par des bohémiens. Je ne peux donc pas être la fille de ces deux minables que j'appelle "maman" et "papa"[5] », pense la grande fille qui aspire à devenir autonome.

Pour donner matière à ses rêves, Romain Gary ne peut pas prendre le nom de son père, Kacew. Quand il affirme : « Je suis russe », il ne se réfère pas à Lénine ou à Staline, il évoque plutôt la Russie flamboyante, celle de Gogol, de Nicolas II, ses bals, ses barbes, ses robes, ses uniformes et ses excès magnifiques. Kacew aurait trop évoqué le shtetel de Vilnius, pauvre et étouffant de religiosité. Le fait que Gary joue avec des pseudonymes révèle qu'il ne se sent heureux que dans l'invention de soi : « Et si je m'appelais Fosco Sinibaldi, quel genre de livre écrirais-je ? », ou : « En me désignant par le nom de Shatan Bogat mes livres seraient plus orientaux...[6] »

Tous les pseudos sont des étiquettes qui éclairent l'identité caméléon que souhaitait Romain. Être soi, c'est constamment devenir soi, changer à chaque instant en ayant l'illusion de n'être que soi, de rester le même. L'étiquette identitaire facilite la pensée en permettant

---

5. Robert M., *Roman des origines et origines du roman*, Paris, Gallimard, 1977.
6. Gary R., *L'Homme à la colombe*, Paris, Gallimard, 2004.

d'établir des relations convenues, une fois pour toutes. Quelle réduction ! Quelle amputation des potentialités de soi ! Quand Gary se cache derrière un pseudo, le cryptonyme qu'il choisit le révèle en encourageant ses lecteurs à découvrir une autre couleur de sa personnalité caméléon. C'est proche du plaisir qu'éprouve un enfant qui se cache sous la table en fantasmant que ses parents inquiets vont le chercher. Lorsqu'ils le découvriront, ce sera une explosion de joie, un délicieux rebond d'attachement. « Mon petit, quel bonheur de te retrouver ! », on s'embrasse, on se câline. Ce délicieux plaisir fantasmatique est souvent dissocié du réel où l'enfant, en se cachant, exaspère sa mère qui risque de rater le train.

Quand le réel est plat, l'imagination est une gratification, mais quand on habite un fantasme, on ne règle pas les problèmes réels. Alors l'auteur délivre quelques indices pour établir avec son lecteur une complicité, une sorte de clin d'œil écrit. Romain Gary, comme si ça lui échappait, donne pour indice de ses origines son amour des cornichons à la russe. Woody Allen a fait de même et je suis flatté de découvrir que j'ai, par taquinerie, parlé de mon amour pour les « cornichons russes » en attribuant une patrie à ces concombres[7]. Quand j'ai vu le film *La Promesse de l'aube*[8], ce clin d'œil pour ceux qui aiment les concombres à la russe m'a rendu complice, presque intime avec Romain Gary. Aucun de mes amis n'a

7. Cyrulnik B., *Les Nourritures affectives*, Paris, Odile Jacob, 1993.
8. Barbier É., *La Promesse de l'aube*, film de 2017.

remarqué, vu ni parlé des « cornichons russes », ils ont été bien étonnés quand j'en ai fait un point sensible du film.

Quand on se cache, on s'arrange pour que le masque laisse échapper un indice qui parle de nous et nous révèle. N'être que soi, quelle pauvreté ! Sachant mal d'où il venait, Gary avait toutes les libertés d'imaginer où il allait. Il pouvait être aviateur, diplomate, résistant près de De Gaulle ou écrivain solitaire, alors que s'il avait aimé son père M. Kacew, il aurait aimé devenir, comme lui, un artisan fourreur. L'absence de cadre paternel avait laissé vagabonder son imagination. Son rêve de soi partait dans tous les sens selon les rencontres et les contextes sociaux. Mais gare à l'amour maternel quand le père n'est pas là pour ouvrir la délicieuse prison affective. C'est pourquoi le petit Romain a pris pour nom d'auteur un premier masque révélateur : il s'appellera Gary comme sa mère qui, lorsqu'elle était comédienne, avait voulu ce nom qui, dans la langue russe, veut dire « brûle » à l'impératif. Le feu qui fascine et réchauffe peut aussi détruire. « Vivre vite avant la mort, telle est la mission que m'a donnée ma mère. » En vieillissant la flamme est moins vive, Romain se cache alors derrière le nom Ajar[9] qui, en russe, veut dire : « braise ». « Je rougeoie encore, je suis tiède avant de devenir cendre froid. »

Les orphelins écrivent souvent une littérature de l'énigme où le roman familial est un équivalent de roman policier quand le lecteur cherche les indices qui

---

9. Ajar É., *La Vie devant soi*, Paris, Mercure de France, 1975.

dénoncent l'assassin. Quand il écrit *Les Cerfs-volants*[10], Gary joue avec l'orphelinage. L'enfant est élevé par son oncle, un homme seul, le « facteur timbré » qui construit des cerfs-volants, parfois décorés par une étoile de David, allusion au Chambon-sur-Lignon, la ville des Justes. Le manque de père pousse Ludo (le joueur) à chercher partout des images de père. Quand l'enfant erre sans sens, il va voir son « professeur-père » pour lui demander le chemin : « Rien ne vaut la peine d'être vécu qui n'est pas d'abord une œuvre d'imagination, ou alors la mer ne serait que de l'eau salée[11] », lui répond son substitut paternel.

Il y a plusieurs stratégies pour traquer le réel. On peut analyser l'eau, calculer sa densité, sa richesse en sodium, sa capacité à s'opposer à tout bateau qui pèse sur elle. Découvrir le réel est une aventure qui passionne les explorateurs scientifiques. Mais on peut aussi enchanter l'eau salée en lui attribuant un sens venu de notre histoire. Quand j'étais enfant, je pensais que ceux qui habitaient sur un rivage marin étaient des hommes libres qui pouvaient voguer où ils voulaient. Cette représentation d'image provoquait en moi un sentiment d'extrême légèreté, de douce euphorie. Voguer sur l'eau, voler en l'air ou simplement parler, raconter ce qui flotte dans notre monde intime est un acte de liberté. Les aphasiques se sentent lourds quand un accident vasculaire a cassé leur machine cérébrale à fabriquer les mots. Mais dès que le lobe temporal est à

10. Gary R., *Les Cerfs-volants*, Paris, Gallimard, 1980.
11. Nachin C., *Le Deuil d'amour*, Paris, L'Harmattan, 1998, p. 73.

nouveau vascularisé et que l'aptitude à parler revient, ils éprouvent un délicieux sentiment de légèreté qu'ils expriment par les métaphores de « voler au-dessus des montagnes » ou de « chausser les bottes de sept lieues ». Les mots, en fabriquant des représentations éloignées, dilatent l'espace et le temps[12], donc structurent nos sentiments.

Quand j'ai fait mon service militaire à Nantes, dans le bataillon disciplinaire des « marsouins », je me suis senti en prison, mais sur les murs du couloir qui menait à l'infirmerie il y avait des images du fort d'Antibes avec la mer en premier plan sur un fond de montagnes enneigées : la liberté. Dans le film *Les Quatre Cents Coups*, voir l'enfant fugueur courir vers la mer et patauger sur le sable du rivage : la liberté. Quand Romain Gary a épousé Jean Seberg, il a pensé à Sea-Berg (la montagne sur la mer) et associé cette évocation à l'hôtel que sa mère avait acheté à Nice, la pension Mermont (Mer-Mont).

La littérature de l'énigme de ceux qui manquent de cadre ne définit jamais la mer comme un mélange d'eau et de sel. Elle décrit des rivages imaginaires où l'on peut vagabonder quand on n'a ni père ni mère pour indiquer la route. Cette liberté est angoissante, car elle n'apporte pas l'effet tranquillisant de la restriction identitaire. Quand on ignore d'où l'on vient et de qui on est né, l'imagination offre toutes les origines, mais quand on n'a pas de liens pour nous ancrer dans une famille et dans une société, on devient une âme

---

12. Kekenbosch C., *La Mémoire et le Langage*, Paris, Nathan, 1994, p. 35.

errante ballottée par l'angoisse du vide. L'identité ne serait-elle qu'une aliénation bienfaisante ? En sachant qui je suis, je m'enferme dans mon identité. Dans ce cas, j'ai confiance en moi parce que j'ignore les autres. Je vois un monde clair, parce que je n'habite qu'un seul monde. J'ai des certitudes, je sais ce qu'il faut faire parce que je me soumets à un seul maître, à une seule injonction[13] : je peux alors tuer ou marcher à la mort en toute tranquillité.

---

13. Faye J.-P., *Le Langage meurtrier*, Paris, Hermann, 1996, p. 147-184.

CHAPITRE 34

LE BONHEUR DANS L'HALLUCINATION

Sans identité, on se noie dans le monde. Avec une seule identité, on devient totalitaire. Grâce à l'écriture, Romain Gary explore tous les possibles mentaux et un grand nombre de langues, de voyages et d'engagements, ce qui lui donne un esprit ouvert, au risque de la dépersonnalisation : « Je ne m'appartenais pas. Il me fallait tenir ma promesse, revenir à la maison couvert de gloire [...], écrire *Guerre et Paix*, devenir ambassadeur de France, bref, permettre au talent de ma mère de se manifester[1]. » Imprégnée dans son âme par un amour exclusif, sa mère gouvernait constamment le petit Romain. Quand elle a compris qu'elle allait mourir, elle a écrit une centaine de lettres qu'elle faisait envoyer par des amis après sa mort. Si bien que Romain vivait encore avec elle, alors qu'elle était morte depuis longtemps. Il portait dans son âme le *dibbouk* de sa mère, le mort qui, dans la tradition juive, s'installe dans l'âme d'un proche.

---

1. Cité *in* C. Nachin, *Le Deuil d'amour, op. cit.*, p. 166.

Un tel événement psychique n'est pas rare. Beaucoup de veuves entendent leur mari rentrer du travail, et respirer profondément la nuit, alors qu'il est mort depuis longtemps. Cette hallucination les comble puisqu'elles ont ainsi la preuve qu'il n'est pas vraiment mort. Souvent, elles mettent le couvert et se préparent au bavardage habituel lors du repas du soir. L'absence du mort dans le réel les pousse à combler ce manque par une hallucination qui les apaise. Tout est en ordre puisqu'elles l'entendent, elles sentent encore sa présence. La perception imaginaire les empêche de souffrir de la perte, comme lorsque Georges Perec enfant a voulu devenir écrivain pour offrir à ses parents disparus un tombeau de paroles. En écrivant leur vie, l'enfant pense qu'il ne laisse pas leur corps pourrir en terre ou partir en fumée. En parlant d'eux sur un papier, il leur rend leur dignité. Désormais le petit écrivain peut se représenter leur mort.

Léon Tolstoï était âgé de 18 mois quand sa mère est morte. Comment était composée la niche sensorielle qui l'enveloppait à ce moment-là ? Un père, probablement malheureux, loin du bébé. Trois nurses, probablement dévouées, une grand-mère pendant une brève période ? Le développement de l'enfant a pris une autre direction et laissé dans son cerveau une trace non consciente. Quand la niche est vidée de son énorme objet sensoriel appelé « maman », comment un enfant pourrait-il s'attacher à rien ? Pendant quelques jours, il proteste, il appelle au secours dans son langage préverbal, puis il oriente ses activités extérieures vers ses mains, ses pieds, sa tête, ses tournoiements, les coups qu'il s'auto-inflige pour se sentir vivant. Enfin, il s'adapte au vide en s'éteignant[2]. Il faut que son entourage lui propose des substituts, des nurses ou des grands-mères, pour que l'enfant s'oriente vers ces objets qui l'aideront à reprendre un néodéveloppement. Il y aura une trace cérébrale de cette perte et pourtant aucune conscience de ce trouble ne sera possible puisque Léon Tolstoï, âgé de 18 mois, était encore dans sa phase d'amnésie infantile.

Quand le petit Léon, désorienté par la perte de sa mère mais enveloppé par les nurses, arrive à l'âge de la parole, il entend que tout enfant possède une mère, sauf lui ! Quelle est cette énigme ? Léon n'a pas eu de deuil à faire puisqu'il ne peut pas prendre conscience qu'il a perdu sa mère. Il a une trace neurologique du manque, mais aucune conscience de la perte. C'est dans la parole des autres que, plus tard, il a pris conscience de son anormalité : « Je ne me souviens absolument pas de ma mère. J'avais un an et demi quand elle mourut. Par un curieux hasard, il n'est resté d'elle aucun portrait, de sorte que je ne peux me la représenter en tant qu'être physique réel[3]. » Tolstoï sait logiquement qu'il a eu une mère, mais elle n'a ni corps ni visage, et il n'a aucun souvenir pour s'accrocher. Pour combler ce vide de représentations, il éprouve un besoin, un plaisir, et peut-être une contrainte à écrire *Enfance*. Son héros Vladimir, âgé de 10 ans, essaie de « ressusciter à

---

2. Spitz R., *La Première Année de la vie de l'enfant, op. cit.*, p. 19.
3. *Cf.* Morin M., *De la création en art et littérature*, Paris, L'Harmattan, 2017, p. 119.

travers les larmes de l'imagination une mère de rêve, belle, tendre et toujours jeune. [...] Lorsque maman souriait, si beau que fût son visage, il devenait encore plus beau[4] ». Tolstoï imagine la souffrance qu'il aurait dû ressentir à la mort de sa mère et c'est ainsi qu'il fait le deuil qu'il n'avait pas pu faire quand il avait 18 mois.

C'est, bien sûr, dans *Guerre et Paix* que Tolstoï écrit un magnifique roman familial. Il travestit à peine le nom de son grand-père maternel Nicolas Volkonski. Quant au grand-père paternel, Ilia Tolstoï, il s'appellera Ilia Rostow. La fille, l'emballante Natacha, amoureuse du prince André, épousera le comte Pierre Bézoukhov, suivant ainsi le chemin des parents de Tolstoï. La rivalité entre le prince André et le comte Bézoukhov met en scène la peur qu'éprouvent les orphelins quand ils tentent de satisfaire leur affectivité[5], comme s'ils pensaient : « Je ne mérite pas qu'on m'aime et j'en ai tant besoin. » Alors, angoissés par leur désir, ils se mettent à l'épreuve, mènent une vie de débauche qui empêche la construction de la famille dont ils rêvent, fuient la personne qui les attire, choisissent le métier qui les ennuie et préparent leurs examens scolaires à la dernière minute de façon à frôler le risque d'échouer. S'ils réussissent malgré tout, ils éprouvent la joie du joueur de poker qui a réalisé un joli coup. Et s'ils échouent, ils ont

---

4. *Ibid.*
5. Josefsberg R., « Souvenirs et devenirs d'enfants accueillis à l'Œuvre de secours aux enfants (OSE) » (*in* F. Batifoulier, N. Touya (dir.), *Travailler en MECS. Maisons d'enfants à caractère social*, Paris, Dunod, 2014, p. 223-252), cité *in* C. Jung, « Que sont devenus les enfants placés dans les structures de l'OSE ? », *Bulletin de la Protection de l'Enfance*, décembre 2013, 59/60, p. 14-15.

le sentiment d'avoir expié la faute de survivre quand leurs parents sont morts. « Je suis mon propre bourreau, disent-ils, étonnés, et pourtant j'éprouve l'euphorie de la rédemption. Quel soulagement ! Mais aussi quel prix ! »

Jean-Paul Sartre, à l'âge de 16 mois, connaît ce genre de bouleversement quand son père meurt de dysenterie en Indochine. La niche sensorielle qui l'enveloppait à ce moment-là s'est éteinte, car sa mère, abattue, a dû affronter en plus la toxicose du bébé, qui a frôlé la mort. L'enfant a certainement gardé dans sa mémoire neuronale une trace de cet épisode de liquide sale où il s'est embourbé. Le monde intime du petit Jean-Paul est devenu hypersensible à la mollesse des choses et des gens, aux méduses, à la brume, à tout ce qui est spongieux et un peu dégoûtant : « Buée […] chaleur blanche et humide […] je suis dans ma chambre, je fais un problème de physique, c'est dimanche[6]. » Dans une telle perception du monde, l'enfant « va chercher un ancrage, un contenant, il le trouve […] dans un développement précoce du langage, il s'agrippe aux mots. Dès l'âge de 16 mois, d'après les lettres de sa famille, Jean-Paul commence à faire des phrases, à 18 mois, il parle déjà très bien[7] ».

Après la mort du père, la mère endeuillée va vivre avec son fils chez les grands-parents, qui composent une nouvelle niche affective où le grand-père chaleureux prend l'effet d'un tuteur de résilience. L'enfant est trop

---

6. Sartre J.-P., *La Nausée, op. cit.*, cité *in* A. Clancier, *Fonctions de l'écriture de soi post-traumatique*, Paris, Anthropos, 1998, p. 43.
7. Clancier A., *Fonctions de l'écriture de soi post-traumatique, ibid.*, p. 45.

chétif pour aller à l'école, il étudiera à domicile. Privé de contacts socialisants, il se réfugie dans la musculation des mots, il devient un athlète intellectuel, pas très bon élève, mais qui plus tard saura préparer une grande école. Quand sa mère se remarie, Jean-Paul, âgé de 13 ans, a déjà compensé sa perte, il n'a pas besoin de s'attacher à son beau-père. Il ne se sent à l'aise que dans le monde des mots, du théâtre et des romans. Il ne pense ni au sport, ni à la camaraderie, ni à la Résistance qu'il aurait pu faire, car en 1939, il était âgé de 34 ans. Lui, philosophe de l'engagement, ne s'est pas engagé. Le monde qu'il perçoit n'est que mollesse dégoûtante, dans lequel le seul ancrage propre est celui des mots[8]. Son style révèle le rapport qu'il fait entre le trauma et son engagement[9] : « Je vais me servir des situations tragiques pour en faire des fictions... dire mon dégoût de la bourgeoisie... imaginer des témoignages qui vont accuser les agresseurs. »

L'agencement des mots révèle comment on peut quitter le trauma et se remettre à vivre : « Aussitôt que je me suis mis à écrire, mes mots ont pris la forme de la poésie [...]. J'ai fini par comprendre que la poésie était le langage de mon deuil[10]. »

---

8. Sartre J.-P., *Les Mots*, Paris, Gallimard, 1963.
9. Tellier A., *Expériences traumatiques et écriture*, Paris, Anthropos, 1998, p. 87.
10. Grossman D., *Tombé hors du temps*, Paris, Seuil, 2012.

CHAPITRE 35

LA POÉSIE, LANGAGE DU DEUIL

Au moment du trauma, le cerveau sidéré ne traite plus les informations, ce qui crée un vide de représentations. Pour ne plus vivre avec un gouffre dans l'âme, il faut y mettre des mots.

« La mort est un maître venu d'Allemagne
Il crie plus sombres les violons
Alors vous monterez en fumée dans les airs
Alors vous aurez une tombe au creux des nuages
Lait noir de l'aube, nous te buvons la nuit[1]. »

De nombreuses situations de perte contraignent à l'écriture pour sortir du gouffre de la non-représentation. Quand Fritz Zorn comprend qu'il va mourir de son cancer, il souffle sur les braises qui vivent encore en lui, pour ne pas attendre la mort sans penser[2] : « Le souvenir s'intègre [...], prend place à côté d'autres incidents.

---

1. Celan P., « Fugue de mort » (1945), *Choix de poèmes, op. cit.*
2. Zorn F., *Mars*, Paris, Gallimard, « Folio », 1982.

Après un accident [...] le souvenir de ce qui l'a suivi, du sauvetage, la notion de sécurité actuelle viennent se rattacher au danger couru[3]. » Freud, dans son langage du XIXᵉ siècle, disait déjà ce que la neurologie actuelle précise et que l'on pourrait formuler ainsi : la mémoire a horreur du vide alors, quand la vie revient, les souvenirs s'associent, se relient pour combler le gouffre et donner cohérence à la représentation du passé.

L'écriture fabrique un réel de papier qui lutte contre la dissociation traumatique. « Ce qui m'oblige à écrire, j'imagine, est la crainte de devenir fou[4]. » Mais quand cette cohérence n'est pas retravaillée, reliée à d'autres souvenirs, intégrée dans une histoire, quand elle consiste simplement à revoir sans cesse le malheur passé, cette rumination aggrave le désespoir. Primo Levi a choisi de dire dans sa narration « les choses les plus pesantes, les plus lourdes, les plus importantes » : « Il me semblait assez futile d'introduire [...] certains dialogues [...] qui me sembleraient plus légers[5] ».

La contrainte à écrire quand on a été mort est puissante : « Si je n'avais pas vécu l'épisode d'Auschwitz, je n'aurais probablement jamais écrit[6]. » Mais le travail de sélection des événements les plus lourds accable l'auteur : « C'était se rappeler et penser, et ce n'était pas sage... le réveil est la pire des souffrances... la douleur de se souvenir, la souffrance déchirante de se sentir

---

3. Freud S., *Breuer*, 1893 et 1895, *in* J.-F. Chiantaretto, *Écriture de l'histoire*, Paris, In Press, 1997.
4. Bataille G., *in* Tellier R., *Expériences traumatiques et écriture, op. cit.*, p. 13.
5. Levi P., *Si c'est un homme* (1947), Paris, Julliard, 1987, p. 23.
6. *Ibid.*, p. 264.

homme. » Ces phrases, glanées au hasard des lectures, convergent vers l'acte d'écrire : « Alors je prends mon crayon et mon cahier et j'écris ce que je ne pourrais dire à personne[7]. »

Comment pourrait-on ne pas raconter un événement qui s'est emparé de notre mémoire au point de monopoliser la conscience tout entière ? On demeure fasciné par la torture, la faim, les coups, le froid, la mort imminente et, par politesse, il faudrait ne pas en dire un mot ? Un tel silence provoque un trouble de la relation. Primo Levi n'a pas une écriture résiliente puisqu'il ne travaille pas les reliaisons, ne remanie pas la représentation : « Les problèmes de style me semblaient ridicules [...]. Il me semblait que le thème de l'indignation devait prévaloir, [...] j'entendais en faire un acte d'accusation. » Il écrit pour sortir de son silence d'aquarium, de son cauchemar éveillé, mais « le souvenir d'un traumatisme [...] est lui-même traumatisant parce que son rappel fait souffrir[8] ». Primo Levi aurait pu remanier la mémoire d'Auschwitz, mais son désir était de s'indigner et de témoigner pour agresser les agresseurs : c'est ainsi qu'il a renforcé sa souffrance.

Pourquoi les prisonniers écrivent-ils sur les murs, un nom, une phrase, une date ? Quelques moments de vie perdue survivent à l'emprisonnement quand ils sont gravés sur la pierre. La souffrance de la perte est parfois entretenue pour se prouver qu'on vit encore. Lorsque

---

7. *Ibid.*, p. 186.
8. Levi P., *Les Naufragés et les Rescapés. Quarante ans après Auschwitz*, Paris, Gallimard, 1989, p. 24.

tout est perdu, on cesse de souffrir, on consent. C'est pourquoi la nostalgie est une délicieuse tristesse : on pense au pays perdu où l'on était jeune, on évoque les moments amoureux quand on était heureux de vivre. Le graffiti du prisonnier est une preuve qu'il est encore vivant puisqu'en écrivant sur les murs il éprouve un douloureux bonheur[9].

Dans la mémoire traumatique l'événement traumatisant ne change pas. Sans cesse répété, il fait intrusion dans la conscience le jour, et revient la nuit sous forme de cauchemars. Quand la mémoire redevient saine, elle reprend une évolution, elle associe des souvenirs de sources différentes et les met en liaison avec la vie actuelle. Tout se remet à fonctionner parce que les souvenirs ont changé ! « Un événement ne peut pas se passer deux fois, une fois en réalité et une fois dans un livre... Mais il faut quand même qu'il ait eu lieu pour que le livre soit apte à en rendre compte... Mais l'événement lui-même est détruit par le livre... Ce n'est jamais ce qui a été vécu... Mais le livre fait ce miracle que, très vite, ce qui est écrit a été vécu... Ce qui est écrit a remplacé ce qui a été vécu[10]. »

Cette aptitude que nous avons tous à métamorphoser les représentations du passé est un facteur de résilience. Ceux qui souffrent d'un syndrome psychotraumatique ont perdu cette liberté puisqu'ils sont

---

9. Sudreau P., « Un pas, encore un pas... Technique de survie au camp », *Le Patriote résistant*, décembre 2002, n° 758.

10. Phrases de Marguerite Duras, extraites du documentaire de Robert Bober consacré à Pierre Dumayet, *Re-lectures pour tous*, grâce à Sylvie Gouttebaron, Maison des écrivains.

prisonniers du passé. Mais cette liberté qui nous sauve est aussi une liberté que nous prenons avec les événements passés. Peu importe ! Il faut vivre.

Nous, les êtres humains, pouvons souffrir deux fois. Notre corps souffre du coup qu'il reçoit dans le réel, puis nous souffrons une seconde fois dans la représentation du coup : « Pourquoi m'a-t-il fait ça ? Je suis donc coupable... J'ai été bien puni... Comment vais-je m'en sortir ? » Pour nous libérer de la blessure, nous devons agir sur le réel autant que sur la représentation de ce réel. Quand un soldat revient de la guerre où il a été blessé, il faut soigner sa blessure et se demander comment il va la raconter quand, inévitablement, on lui demandera ce qui s'est passé. S'il se tait, il va provoquer un malaise, un sentiment d'étrangeté avec un brin d'hostilité, puisqu'on voit bien qu'il refuse de se livrer. Mais s'il parle trop, il va nous envahir avec ses récits d'horreur et nous l'éviterons afin de ne pas nous laisser contaminer par son malheur.

L'héroïsation de la blessure soigne celui qui parle autant que celui qui écoute. Quand le réel est présenté comme une histoire, quand l'horreur est métamorphosée en récit poignant ou édifiant, le peuple ému adore le blessé et l'aide à se resocialiser[11]. C'est ainsi qu'un profond désespoir peut se transformer en hymne à la joie[12].

---

11. Baumeister R. F., Hastings S., « Distortions of collective memory : How groups flatter and deceive themselves », *in* J. W. Pennebaker, D. Paez, B. Rimé, *Collective Memory and Political Events*, Londres, Psychology Press, 2008, p. 277-293.
12. Vaillant G. E., *The Wisdom of the Edge*, Cambridge, Harvard University Press, 1997, p. 79-82.

La surdité de Beethoven, avant l'âge de 30 ans, a été une douloureuse tragédie. Il maudit Dieu, se désespère, son seul soulagement c'est d'espérer la mort. Il écrit son testament et prépare son suicide. En 1724, à plus de 50 ans, il dirige l'*Ode à la joie* au théâtre impérial de Vienne. À la fin, il n'entend pas les cris d'enthousiasme et les applaudissements. Un soliste lui fait signe de se retourner. Beethoven ne sait pas que dans son monde sourd, il a survolté les tambours, ce qui donne à son ode l'impression encore plus forte de sa rage de vivre.

Faut-il parler de résilience ou d'homéostasie de la communication ? Les aveugles de naissance, les aveugles tardifs et les enfants élevés dans la pénombre, privés des informations visuelles qui auraient dû stimuler leur lobe occipital, compensent cette défaillance en hyperactivant leur lobe temporal, qui traite les informations sonores. En termes quotidiens, on pourrait dire : puisqu'ils voient moins, ils entendent mieux. Quand ils apprennent à lire en braille, ce n'est pas le lobe pariétal, zone du toucher, qui est activé, c'est leur lobe occipital, zone de la vision : ils voient avec le bout des doigts, en palpant les reliefs de l'écriture braille.

La perte crée-t-elle un phénomène compensatoire analogue ? La rêverie et l'écriture comblent le vide de ce qui a disparu ou de ce qui n'a jamais été. Le deuil et la pauvreté affective aiguisent d'autres modalités sensorielles. Quand il y a déficit de perceptions, le surinvestissement des représentations empêche l'agonie psychique. Au moment où Beethoven gribouille sur sa partition :

« Ce passage me rappelle trop mon désespoir[13] », il invente une phrase musicale où la joie exacerbée, violemment exprimée, lutte contre sa douleur de vivre dans un monde sans musique.

Dans un monde de papier, il faudra donc distinguer :

• *La littérature des traces* : les faits ont laissé dans le cerveau une empreinte dont on n'a pas conscience et qui donne au monde un goût que l'on peut traduire en mots.

• *La littérature des souvenirs* : on va chercher intentionnellement dans le théâtre de son passé les images et les mots pour en faire un récit.

• *La littérature des récits d'alentour* : quand l'histoire qu'on se raconte à soi, dans son for intérieur, concorde avec ce que notre entourage raconte, on se sent accepté par son milieu. Mais quand le récit de soi est discordant d'avec les récits collectifs, familiaux et culturels, on se sent tenu à l'écart, rejeté une fois de plus.

---

13. *Ibid.*, p. 81.

CHAPITRE 36

LITTÉRATURE DE LA TRACE

Freud avait parlé de frayage quand il voulait donner un modèle neurologique au fonctionnement de l'appareil psychique[1]. « L'excitation dans son passage d'un neurone à un autre doit vaincre une certaine résistance : [...] [ensuite elle] choisira la voie frayée à celle qui ne l'est pas[2]. »

Le circuitage du cerveau pressenti par le neurologue Sigmund Freud a été clairement confirmé par le prix Nobel attribué en 1981 à deux neurophysiologistes[3]. Ils avaient placé un cache sur l'œil gauche d'une série de chatons, ce qui avait provoqué une atrophie du lobe occipital droit, qui traite les informations visuelles. Alors qu'un cache placé sur l'œil droit d'autres chatons avait provoqué une atrophie du lobe occipital gauche, prouvant ainsi que cette partie du cerveau est

---

1. Freud S., *Esquisse d'une psychologie scientifique* (1895), Paris, PUF, 1956.
2. Laplanche J., Pontalis J.-B., *Vocabulaire de la psychanalyse, op. cit.*, p. 172.
3. Hübel D., Wiesel T., « Brain mecanisms of vision », *Scientific American*, 1979, 24 (1), p. 150-162.

façonnée par les pressions du milieu. Un enfant sourd de naissance vocalise clairement, mais comme il n'entend pas les réponses sonores, il cesse de vocaliser, ce qui l'incite à compenser en apprenant à traiter les expressions faciales encore plus habilement[4]. Ce qui revient à dire que le cerveau est sculpté par le milieu et que, en cas de manque, il peut compenser en surinvestissant un autre mode de communication.

La réception des informations n'est pourtant pas passive, il ne s'agit pas du tout d'une cire vierge sur laquelle s'imprégnerait la trace des événements, comme on le disait dans les années d'après-guerre. La trace ne peut circuiter le cerveau que s'il y a une émotion, ce qui exige une relation. Un sujet isolé, privé de relations, n'éprouve pas l'émotion qui rend le cerveau sensible au monde extérieur. Quand la structure du milieu structure le cerveau et le rend sensible à un type d'information, quand une défaillance sensorielle provoque l'hypertrophie compensatrice d'un autre canal sensoriel, le monde perçu dépend de la manière dont le cerveau a été façonné. Dans un milieu sans relation, ou dans un milieu monotone, le sujet n'a rien à dire, puisqu'il n'a rien eu à mettre en mémoire. Si on lui demande de raconter son passé, il ne peut que se taire ou imaginer un passé pour combler son manque de représentations. À l'inverse, quand un sujet s'est développé dans un milieu qui l'a mis en alerte sensorielle, il acquiert un cerveau rendu sensible

4. Scarr S., « Biological and cultural adversity : The legacy of Darwin for development », *Child Development*, 1993, 64, p. 1333-1353.

à ce type d'informations. Il percevra avec acuité les insultes, la guerre, les fêtes familiales ou l'exil qui vont thématiser ses récits. Croyant parler du monde, le sujet ne parle que de l'impression que ce monde lui fait.

Cette sculpture cérébrale est particulièrement facile à réaliser au cours des petites années où le bouillonnement synaptique est faramineux (200 000 à 300 000 synapses à la minute). Nous n'avons aucun souvenir de l'enveloppe prénarrative[5] qui va de la 27e semaine de la grossesse jusqu'au 20e mois quand apparaît la verbalité de l'enfant. C'est au cours de cette période que se tracent les circuits qui nous rendent sensibles à un type de monde. Les récits de traces sont cohérents, ils racontent comment on ressent le monde. Un autre façonnement précoce, dans d'autres circonstances, aurait sculpté un autre cerveau qui aurait perçu un autre monde et en aurait fait un récit tout aussi vrai, et pourtant différent.

Mettre en mots un sentiment, c'est déjà le trahir puisque le choix des termes dépend du talent de l'auteur, du nombre de locutions dont il dispose et de la personne à qui il s'adresse. Si je dois raconter l'attentat de New York (11 septembre 2001) à un historien qui fait une enquête, je ne choisirai pas les mêmes mots que si je dois rapporter le même attentat à un policier qui me soupçonne, à un psychologue qui veut m'aider ou à un inspecteur des impôts[6]. L'auditeur silencieux

---

5. Stern D., « L'enveloppe pré-narrative », *in* A. Konichekis, J. Fores (dir.), *Narration et psychanalyse*, Paris, L'Harmattan, 1999, p. 101-119.
6. Cyrulnik B., Peschanski D., Eustache F., *Mémoire et traumatisme*, Montpellier, 19 septembre 2018.

est coauteur de mon récit, alors qu'il ne sait pas ce qui s'est passé. Après un événement émotionnant, la plupart des commotionnés ont besoin de parler. L'enjeu de ces récits n'est pas de dire la vérité, il vise à donner une forme verbale à la bousculade émotionnelle pour apaiser le parleur et pour que son monde redevienne cohérent. Le parleur remet de l'ordre en parlant, il ne se sent plus seul quand l'auditeur écoute. La trahison du réel est inévitable, le bien-être du traumatisé est à ce prix. Le remaniement de la représentation de l'attentat est thérapeutique, à condition que le récit soit une recréation. Dans les syndromes psychotraumatiques le traumatisé ne fait que répéter l'image de l'horreur, renforçant ainsi la mémoire qui le terrorise. Trahir le trauma en le racontant, en l'écrivant, en le filmant, en le peignant, c'est se resocialiser et devenir créateur de ce qu'on raconte. Nous, êtres humains, sommes l'espèce la plus douée pour nous soigner grâce aux leurres.

Il faut que la tromperie soit jolie, effrayante ou surprenante pour qu'elle s'inscrive dans la mémoire et devienne le jalon d'une autobiographie. C'est pourquoi, dès l'enfance, les contes ont un effet structurant du monde mental des petits : en leur racontant les thèmes de l'existence qui l'attend, effrayante, amusante, jolie, mystérieuse et passionnante, les saynètes imaginées lui disent comment vivre.

Quand un enfant apprend que tous les matins les crottes d'un âne se transforment en or, que sa litière n'est plus malpropre depuis qu'elle se couvre de beaux écus, il change de monde, il quitte le monde de la fange pour débarquer dans celui des pierres précieuses. Quand la reine habille sa fille avec une robe couleur de temps, elle dit à l'enfant que son père, le roi, peut avoir un regard sexuel. Mais quand la princesse se couvre d'une peau d'âne, elle se transforme en souillon pour mieux se protéger. Quand le prince dragon énonce un interdit mystérieux, l'enfant ne peut pas le comprendre : mangez une seule rose, la rouge ou la blanche, mais si vous mangez les deux, vous aurez à le regretter[7]. Quelle curieuse interdiction ! C'est ainsi que l'enfant ressent l'énoncé des lois, il éprouve un affect dépourvu de sens, un arbitraire dont il comprendra l'utilité plus tard, quand il sera grand. La femme de Barbe-Bleue prit ainsi la petite clef et ouvrit en tremblant la porte du cabinet. Cette transgression la condamnait à mort. Par bonheur Anne, la sœur Anne qui ne voyait rien venir, aperçut dans le lointain deux nuages poudroyants. C'étaient les deux frères, l'un dragon, l'autre mousquetaire, qui cavalaient au secours de leur sœur pour tuer Barbe-Bleue. Quand un conte affirme : « Si c'est une fille, le dieu des eaux l'épousera ; si c'est un garçon, il le mettra à mort », l'enfant entend que dans la société où il devra vivre, on viole les filles et on bat les garçons[8]. Un conte explique à l'enfant comment il peut métamorphoser l'horreur au moyen du symbole. Faire un récit d'horreur, c'est l'apprivoiser, maîtriser la peur de l'inconnu, combler le vide en y découvrant des trésors. C'est ainsi que la création s'oppose à la répétition.

---

7. « Le prince Dragon », conte anonyme, *in* B. Cyrulnik (choix et présentation), *Les Plus Beaux Contes de notre enfance*, Paris, Bibliothèque nationale de France Éditions, 2018, p. 194.
8. Cyrulnik B., *Les Plus Beaux Contes de notre enfance, ibid.*

Il est vrai que la nature a horreur du vide : les plantes se faufilent là où elles peuvent prendre le soleil, les chiots crient des nuits entières quand ils ne perçoivent rien autour d'eux. Il suffit du contact de leur mère, de la main de l'être humain qui vient de les adopter ou du simple tic-tac d'un réveil sous une couverture pour que ces informations deviennent familières et s'inscrivent dans sa mémoire. Un foulard, un nounours, une tétine ou un coin de couverture mâchouillée apaisent l'enfant. C'est lui qui attribue à l'objet un effet sécurisant parce qu'il est familier. L'enfant s'autoleurre en inventant un objet transitionnel[9] qui comble le vide quand sa mère s'absente. Cette petite création aide l'enfant à supporter l'absence, à ne plus éprouver l'angoisse du néant. Le chiffon élu par le nourrisson prouve que bien avant la parole, il s'entraîne à fabriquer du symbole, à attribuer à un objet la représentation de quelque chose qui n'est pas là.

Les orphelins, privés de modèles réels, doivent affronter un choix catégorique : survivre dans le néant ou combler le vide en s'identifiant à des modèles imaginaires. Le père de Wagner meurt quand le bébé est âgé de 5 mois. La niche sensorielle des interactions précoces a dû s'appauvrir, à cause du malheur de sa mère. Pour se remettre à vivre, l'enfant a cherché des compensations imaginaires. Il s'est inventé une filiation symbolique avec un créateur reconnu par son entourage : Shakespeare le barde a servi à Wagner de substitut, de père imaginaire, comme une réponse grandiose à

---

9. Winnicott D., *La Capacité d'être seul*, Paris, Petite Bibliothèque Payot, 1958.

une perte passée. Quand on ne perçoit plus son père, le ciel est noir si on l'oublie, mais si on en fait une représentation lumineuse, la carte du ciel indique le chemin. Est-ce la raison pour laquelle les pères étaient héroïsés à l'époque où ils disparaissaient pour aller travailler ou faire la guerre, alors qu'ils deviennent ordinaires quand ils sont là, tous les jours ? Cette héroïsation de l'absent est habituelle après un deuil. Quand le défunt n'est plus sur terre, on l'idéalise dans un monde imperçu.

La nature et le psychisme ont horreur du vide. Pour combler un manque, rien de tel que la rêverie. On a beau savoir que ce n'est pas pour de bon, on se plaît dans ce refuge, on se paie des rêves, on éprouve d'intenses sentiments amoureux, de délicieux désespoirs, de merveilleuses haines dont on ne souffre pas vraiment puisque ce n'est que le cinéma de soi. Alors on dit qu'on a choisi, mais on devrait dire que ça a choisi au fond de nous. Une rencontre, un moment sensible nous a aiguillés vers le néant ou vers la créativité. En écrivant nos rêveries, on a mis de l'existence là où il n'y avait plus rien. Mais on ne crée pas à partir de rien, seul Dieu sait faire ça. Alors, on fouille, on fouine, on tripatouille quelques brins de réalité pour en faire un roman, comme un mythe de soi, un opéra grandiose, majestueux, boursouflé, plus vrai que la vérité. Tout est fondé dans ces récits imaginaires qu'on a rendus crédibles en trouvant des raisons pour les rendre cohérents. On a rationalisé pour justifier, grâce à une logique narrative, les conduites dont on ignore les motivations inconscientes. On se sent mieux dès qu'on a fabriqué un autoleurre, un récit de soi, une identité, une représentation qu'on habite avec bonheur puisqu'elle nous a sorti du vide et de la confusion. On perçoit ce leurre comme une évidence, on s'y adapte, on organise notre existence autour de la création imaginaire qui donne forme à ce dont on a besoin.

Mary Shelley a inventé Frankenstein, un monstre qui a mis en scène sa courte vie tragique organisée autour du manque et de la perte[10]. Sa mère est morte en lui donnant la vie, ce qui dans l'âme de l'enfant induit la représentation : « J'ai tué ma mère pour avoir le droit de vivre. » Mary, élevée par une belle-mère hostile, a été privée de base de sécurité. À l'âge de 15 ans, son premier amour pour le poète Percy Shelley, homme marié, est un orage merveilleux. Enceinte à 16 ans, elle s'enfuit avec lui et trouve refuge dans la villa de lord Byron au bord du lac Léman. Elle met au monde trois enfants qui meurent l'un après l'autre. Un soir, le poète demande à ses invités d'inventer des histoires de fantômes. Mary n'a pas besoin d'imaginer, il lui suffit de donner une forme écrite aux quatre morts qui vivent en elle comme dans un tombeau vivant. Il lui suffit d'insuffler la vie au monstre, comme elle avait tenté de le faire pour son bébé mort à l'âge de 7 mois, sur lequel elle s'était acharnée en le secouant, en le massant, en le serrant contre elle pour le remettre au monde. Elle n'imaginait pas à partir de rien, elle transformait l'horreur des deuils en fiction pour en faire un récit partageable.

La littérature du cauchemar est souvent très belle. Quand on lit Dostoïevski, on tue une dame âgée, puis

---

10. Sampson F., *In Search of Mary Shelley*, Londres, Profile, 2018.

on ressent une immense angoisse en rentrant chez soi. Avec Baudelaire, on plonge au fond du gouffre, enfer ou ciel on ne sait pas. On ne peut pas lire Maupassant sans éprouver le mauvais plaisir de l'odeur de purin que dégagent les relations humaines. On comprend pourquoi Antonin Artaud écrit pour sortir de l'enfer, et Viktor Frankl nous fait découvrir que lorsqu'on souffre trop longtemps, on finit par se traîner derrière son propre cadavre.

Quand un auteur couche son monde intime sur un papier, il en fait un objet extérieur à lui-même qu'il peut ainsi mieux observer. Est-ce la raison des *Confessions* de Jean-Jacques Rousseau ? « Je coûtai la vie à ma mère, et ma naissance fut le premier de mes malheurs[11]. » Comment expier ce crime d'avoir tué celle qui vous a donné la vie ? Assassiner un étranger passe encore, mais assassiner sa mère est un crime encore plus grand ! Expier, se punir, se confesser sont des stratégies de socialisation où l'on ne craint pas de souffrir. La vérité est à ce prix quand il faut montrer à ses semblables « un homme dans toute la vérité de la nature ». La niche sensorielle des premiers mois de Jean-Jacques a été bouleversée par la mort de sa mère. L'enfant a trouvé quelques substituts pour ne pas mourir. Sa tante, une servante l'ont entouré d'amour et de musiques. Il a gardé des traces de cette affectivité désordonnée mais aucun souvenir. Les premiers souvenirs sont apparus à l'âge de 6 ans quand son père, inconsolable, a explosé

---

11. Cottret M., Cottret B., *Jean-Jacques Rousseau*, Paris, Perrin, « Tempus », 2011, p. 34.

contre l'enfant et lui a dit : « Tu as tué ta mère, tu me l'as enlevée, rends-moi ta mère ! »

Avant cette phrase, la mémoire de l'enfant était composée de traces dont il n'avait pas conscience mais qui, peut-être, expliquent sa curieuse attirance pour les femmes autoritaires par lesquelles il aimait se faire punir. Mme de Warens n'était pas très belle, mais elle l'appelait « Petit », et elle était très câline. Un jour, à Chambéry, elle lui a dit : « Je veux bien être ta maîtresse... tu as une semaine pour accepter. » Jean-Jacques avoue : « Je l'aimais trop pour la convoiter. » N'est-ce pas ainsi que l'on aime sa mère, avec un attachement si fort qu'il empêche le désir sexuel ? « Je ne sais quelle invisible tristesse empoisonnait le charme [...] je vis en couple avec "maman" » (c'est ainsi qu'il appelle Mme de Warens). Alors Jean-Jacques s'enfuit à Montpellier où Mme de Larnage lui fait des avances : c'est « cent fois mieux[12] ». Quand le désir sexuel est angoissant, il faut fuir celle qu'on aime, ou s'en faire punir pour expier le plaisir.

---

12. *Ibid.*

CHAPITRE 37

LITTÉRATURE DU SOUVENIR

On ne met en mémoire presque rien des milliards de milliards d'informations qui nous ont permis d'arriver au jour où une émotion grave un souvenir douloureux dans notre mémoire biologique[1]. Pour préciser cette idée, Baddeley a montré à des observateurs trois types de photos : certaines provoquaient des émotions agréables, d'autres étaient effrayantes et certaines étaient neutres. Une semaine plus tard, devinez de quelles photos se souvenaient les observateurs. Seules les photos d'horreurs avaient donné des souvenirs[2]. Les photos neutres et les photos agréables s'étaient effacées. Cela explique pourquoi le trauma est un objet saillant hors de nos souvenirs. Alors, si l'on veut ne pas se laisser dominer par les malheurs passés, ou si l'on veut donner de soi une image souriante, nous devons chercher dans notre passé d'autres images, d'autres événements tout aussi vrais qui permettront de mettre à l'ombre

---

1. Eustache F. (dir.), *Mémoire et émotions*, Paris, Le Pommier, 2016.
2. Baddeley A., *La Mémoire humaine. Théorie et pratique*, Grenoble, PUG, 1993.

les souvenirs douloureux. Ce travail de remaniement de la représentation de soi n'est pas un mensonge, car, en construisant non consciemment une autre vérité, nous fabriquons un récit ensoleillé que nous aurons du bonheur à partager.

Les prisonniers du passé ne peuvent pas faire ce travail de mythe. Quand il y a eu un trauma aigu, l'image horrible s'impose dans leurs souvenirs. Elle se répète, devient intrusive et s'empare de leur monde intime. Le traumatisé nc peut plus penser, rire, aimer et travailler.

Quand le trauma a été insidieux et régulier chaque jour, l'enfant subit des brimades et des insultes sans forcément en prendre conscience. Accoutumé à cette maltraitance, il n'en fait pas un souvenir précis mais, dans sa mémoire, s'imprègne un goût du monde sombre et fiévreux où, se sentant rabaissé, il attend sans cesse un événement malheureux, puisque c'est ainsi qu'il a appris à percevoir le monde[3]. S'il a été battu tous les jours, il s'attend à être battu. Quand il a été insulté quotidiennement, il ne s'étonne pas de l'être à nouveau, et quand une femme a été violée, elle se représente elle-même comme une femme que l'on viole et se laisse souvent à nouveau victimiser.

Ces événements ont circuité les zones habituelles de la mémoire : dans un trauma aigu, les lobes préfrontaux, connectés aux circuits limbiques, sont imprégnés

---

3. Bretherton I., Munholland K. A., « Internal working models in attachment relationships », *in* J. Cassidy, P. R. Shaver (dir.), *Handbook of Attachment, op. cit.*, p. 89-111.

par la trace d'une scène effrayante. L'amygdale qui n'est plus freinée ne cesse d'envoyer des signaux d'alerte à la partie antérieure de l'aire cingulaire et le sujet ne cesse de voir l'image d'horreur qui provoque une émotion insoutenable – « comme si ça venait d'arriver », dit-il plusieurs années plus tard. Un tel processus est particulièrement vif dans le phénomène du flash-back où subitement l'horreur resurgit et s'empare du monde psychique.

Dans le trauma chronique, les mêmes circuits sont avivés, mais l'empreinte toxique s'est faite insidieusement, chaque jour, pendant des mois ou plusieurs années. Ce processus *top-down* (du haut vers le bas) décrit un cerveau qui perçoit préférentiellement tout ce qui va mal dans le monde. Un enfant régulièrement bousculé, secoué, insulté ou dévalorisé apprend à mieux percevoir les visages hostiles, alors qu'il ne se souvient pas des visages souriants qu'on lui a pourtant montrés[4].

On peut prouver aujourd'hui qu'en parlant avec un locuteur sécurisant ou en écrivant un conte fondé sur une mémoire blessée, on s'entraîne à voir les choses autrement, on maîtrise l'émotion, on modifie la représentation de l'horreur[5]. On se sent mieux, soulagé du poids du passé, peut-être parce qu'on a trahi le réel

---

4. Rauch S. L., Whalen P. J., Shin L. M., McInerney S. C., Macklin M. L., Lasko N. B., Orr S. P., Pitman R. K., « Exaggerated amygdala response to masked facial stimuli in posttraumatic stress disorder : A functional MRI study », *Biological Psychiatry*, 2000, 47 (9), p. 769-776.

5. Caria A., Sitaram R., Veit R., Regliomini C., Birbaumer N., « Volitional control of anterior insula activity modulates the response to aversive stimuli : A real-time functional resonance imaging study », *Biological Psychiatry*, 2010, 68 (5), p. 425-432.

en modifiant la représentation. C'est sans importance puisque la réalité de l'un n'est pas celle de l'autre.

Un trauma sans paroles nous contraint à des réactions de défense biologiques analogues à celles des animaux pourchassés par un prédateur. Ceux-ci réagissent d'abord en cherchant à fuir (*fly*). Quand ils sont attrapés, sidérés par la frayeur, ils s'immobilisent (*freeze*) et soudain combattent pour se défendre (*fight*)[6]. Les êtres humains connaissent ces réactions animales, mais comme ils vivent dans un monde de représentations verbales, ils se servent des mots pour se dérober, pour agresser ou pour séduire l'agresseur. Ils peuvent ainsi transformer un trauma en récit pour se cacher derrière les mots, se venger ou faire un plaidoyer.

---

6. Nijenhuis E. R., Vanderlinden J., Spinhoven P., « Animal defensive reactions as a model for trauma-induced dissociative reactions », *Journal of Traumatic Stress*, 1998, 11, p. 243-260.

CHAPITRE 38

CONCORDANCE OU DISCORDANCE DES RÉCITS

Il y a longtemps qu'on sait qu'un événement laisse une trace dans le cerveau, une « cicatrice », disait William James[1]. L'empreinte du milieu marque un circuit personnel, une véritable signature, et c'est avec un cerveau ainsi « marqueté » que le sujet devra établir des transactions avec son milieu. Une même situation aura donc un impact différent selon les facteurs de protection ou de vulnérabilité inscrits dans le cerveau avant l'événement. Après le trauma la reprise d'un nouveau développement sera différente selon les tuteurs de résilience proposés par le milieu. La transaction se fait entre un cerveau sculpté par son milieu précoce et sa culture environnante, qui peut le priver de paroles ou l'inviter au récit.

Nous savons que la mémoire traumatique est structurée par une vision centrale de l'événement, comme une

---

1. James W., *The Principles of Psychology*, New York, Holt, 1890.

loupe où tout est agrandi et précis parce que l'émotion a été si forte que l'image est imprégnée. Cette vive clarté a mis à l'ombre toutes les informations qui n'avaient pas d'intérêt pour la survie. C'est dans ce halo d'images et de mots flous que se situent les incertitudes et les erreurs. Le destin du récit est orienté par les réactions de l'entourage[2]. Quand les proches entendent l'histoire, la mémoire du locuteur est renforcée par le simple fait de l'avoir racontée dans une relation. Elle est aussi simplifiée parce que lorsqu'on parle, on est obligé de réduire ses mots, on ne peut pas tout dire en même temps. Un événement amplifié et simplifié par son historisation, c'est presque la définition du mythe. À peine a-t-on socialisé une tragédie qu'elle se transforme en mythe.

L'auditeur ou le lecteur sont coauteurs de l'histoire, car ils n'entendent et ne lisent que ce à quoi leur propre histoire les a rendus sensibles : un roman « réalise l'ensemble des connaissances accumulées et organisées dans la représentation que l'organisme a de lui-même et du monde[3] ». Nous vivons dans un théâtre d'hypothèses auquel nous donnons mille formes différentes. Nous croyons au monde que nous inventons puisque nous le ressentons vraiment.

Avant même d'accéder au monde des mots, un bébé est déjà façonné par les récits qui provoquent les sentiments maternels dans lesquels il baigne. Quand

---

2. Pennebaker J. W., « Writing about emotional experiences as a therapeutic process », *Psychological Science*, 1997, 8 (3), p. 162-166.
3. Miller G. A., Gallamber E., Pribam K., *Plans and the Structure of Behavior*, New York, Holt, 1986, cité *in* B. Rimé, *Le Partage social des émotions*, Paris, PUF, 2005, p. 311.

sa mère est altérée par sa propre histoire, par son mari ou par la précarité sociale et culturelle, les substances du stress, sécrétées en excès, modifient l'expression de l'ADN du bébé qu'elle porte[4]. Quand il arrive au monde, il habite déjà l'histoire de ses parents dans leur culture. En Occident où l'on estime que l'aventure de la personne est une valeur prioritaire, les parents désirant le bien-être du nouveau-né le mettent dans une belle chambre où l'isolement, l'absence de stimulations familières imprègnent dans son cerveau un facteur de vulnérabilité émotionnelle, une aptitude à l'angoisse. Dans la culture africaine ou asiatique où il est dit qu'un bébé ne doit jamais rester seul, le groupe familial dispose autour de lui une niche sensorielle stable et riche qui le sécurise et le renforce. Les attitudes parentales, leurs mimiques, leurs sourires, leurs réprimandes préverbales structurent les interactions affectives qui stimulent ou engourdissent les développements du bébé.

Plus tard, quand il accède au monde des mots et des récits, il baigne dans des histoires quotidiennes qui racontent sans cesse des événements invisibles et pourtant tenus pour vrais : « Dans notre famille, on est marin de père en fils. » Dès qu'il sait parler, l'enfant entend chaque jour des récits qui l'entourent et constituent un environnement verbal qui lui raconte qui il est et quelle place il doit prendre dans sa famille et sa culture[5].

---

4. Delgado-Morales R., Roma-Mateo C., « L'épigénétique », *Les Défis de la Science, Le Monde*, 2018.
5. Miller P., Sperry L. L., « Early talk about the past : The origins of conversational stories of personal experience », *Journal of Child Language,* 1988, 15 (2), p. 293-315.

Dans un milieu où l'on bavarde facilement, l'enfant est entouré de mots qui désignent des choses, prescrivent des conduites et racontent des contes[6]. La structure de ces histoires présente les personnages (« Il était une fois une princesse... »), expose la crise (elle a ouvert un placard interdit par Barbe-Bleue) et invente une solution (le Petit Poucet a retrouvé ses parents grâce aux cailloux blancs). Le thème des conversations qui entourent l'enfant parle de la violence de l'existence, de l'agression par les méchants et de la victoire malgré tout. Cette psychologie populaire est édifiante, car elle « raconte une construction morale qui porte à la vertu[7] ». Pour mieux comprendre ces contes, les enfants les mettent en scène. Ils jouent à la guerre, au docteur et à papa-maman pour familiariser, apprivoiser les épreuves qui les attendent.

Quand l'enfant constate que ce qui l'entoure est conforme à ce qu'on lui a raconté, il éprouve un sentiment de normalité et n'a pas grand-chose à dire puisque tout est en règle. Mais lorsqu'un trauma le déchire, ce que veut raconter l'enfant n'est plus conforme à ce qu'on lui a raconté. Il y a une discordance entre ce qu'il a vécu et ce que racontent ses figures d'attachement. Raconter, dans ce cas, c'est s'opposer à ceux qui le protègent. Pour demeurer à leur contact sécurisant, il faut se taire, s'indigner en secret, être mal sans le dire. L'enfant se sent trompé puisque ce qu'il voit n'est pas conforme à ce qu'on lui a prédit. « Les croyances sont

---

6. Bruner J., *Car la culture donne forme à l'esprit*, Paris, Eshel, 1991.
7. Rey A., *Dictionnaire de la langue française*, Paris, Le Robert, 2012, p. 1129.

violées[8] », le sentiment d'inquiétude ne peut pas être élaboré, les parents ont perdu leur pouvoir sécurisant. Le traumatisé, rendu muet, ne peut plus élaborer son tourment, lui donner un sens, le rendre cohérent et partageable. On se sent seul au monde quand on ne peut rien dire.

Toute explication est la bienvenue, qu'elle soit magique, religieuse, philosophique ou scientifique, elle redonne cohérence au monde fracassé. L'enfant peut s'adapter à une représentation où il pense de nouvelles conduites. En sachant quoi faire, il reprend confiance.

Les récits des adultes font voir un monde. Quand les mots désignent des choses, là, dans le contexte, les conduites sont routinières et les catégories morales. Tout est en ordre, rien à dire. Pourquoi parler de ça, il n'y a pas d'événements dans un monde prévisible. Mais quand un accident rompt la routine, le monde mental désorganisé a besoin d'un récit pour redonner cohérence et conduite à tenir.

---

8. Rimé B., *Le Partage social des émotions*, op. cit., p. 375.

CHAPITRE 39

LA MORALE DE CETTE HISTOIRE

Quand on survit dans une situation de contrainte, on s'y adapte en vivant à cloche-pied. On peut passer sa vie en n'exprimant que ce que les autres acceptent d'entendre, ce qui construit une crypte dans l'âme. Il n'est pas rare que cette entrave provienne de l'existence. Si un orphelin veut ne pas vivre dans un monde vide, déserté par ses parents, il est contraint d'imaginer une famille pour combler son manque et donner sens à ses efforts. Un homosexuel est amené à faire silence sur son marginal désir afin de ne pas blesser ses proches. Cette contrainte le mène à organiser deux vies : l'une socialement acceptable et l'autre plus secrète, où il est à la fois heureux d'être lui-même et malheureux de ne pas être comme tout le monde.

C'est en prison qu'on rêve le mieux de liberté. Ceux qui ont la chance d'avoir une famille, une sexualité dans la norme et la liberté d'aller où ils veulent choisissent souvent de se mettre à l'épreuve afin d'avoir quelque chose à raconter, un voyage extrême, un sauvetage extraordinaire ou une aventure intellectuelle. L'épreuve choisie offre une contrainte à créer, comme l'illustre la biographie aventureuse et littéraire de Jack London[1], ce baroudeur qui se lançait dans des situations extrêmes de grands froids, de navigations risquées, de milieux sociaux désespérés et dangereux pour y trouver des sujets de roman.

En 1960, Raymond Queneau crée l'Oulipo (Ouvroir de littérature potentielle) où un groupe d'écrivains s'imposent des contraintes sémiologiques pour en faire des sources de créativité[2]. La poésie est une littérature sous contrainte où l'auteur s'oblige à trouver des rimes, des césures, des cadences phonétiques, des accouplements verbaux qui enchantent l'âme des réciteurs. La musique, le cinéma, le théâtre, la bande dessinée, la chansonnette naissent aussi de contraintes créatrices. L'obstacle technique ou grammatical, en découvrant des chemins inattendus, empêche la routine, évite l'automatisme qui engourdit le monde des représentations intimes.

Les blessures de l'existence, les manques et les pertes nous mettent en demeure de créer d'autres mondes plus habitables où nos âmes assombries seront ensoleillées par nos œuvres. Quand la créativité est fille de la souffrance, l'écriture rassemble en une seule activité les principaux mécanismes de défense : l'intellectualisation, la rêverie, la rationalisation et la sublimation.

---

1. Lacassin F., *Jack London ou l'Écriture vécue*, Paris, Christian Bourgois, 1994.
2. Benamou M., Fournel P., Oulipo (Association), *Anthologie de l'Oulipo*, Paris, Gallimard, 2009.

Crier son désespoir n'est pas une écriture, il faut chercher les mots qui donnent forme à la détresse pour mieux la voir, hors de soi. Il faut mettre en scène l'expression de son malheur pour en remanier la représentation. Lorsque le spectateur applaudit ou quand le lecteur comprend, il confirme que le malheur a été métamorphosé en œuvre d'art. Le blessé ne réintègre l'univers des gens heureux qu'en créant chez eux un moment commun d'émotion, de joie ou d'intérêt. Écrire dans la solitude, pour ne plus se sentir seul, est un travail imaginaire qui trahit le réel puisqu'il le rend partageable, mais apaise l'auteur en tissant un lien de familiarité avec celui (celle) qui le lira[3].

Pourtant l'écriture n'est pas une thérapeutique. L'auteur a souffert de son malheur, il ne redeviendra jamais sain, comme avant. Le travail de l'écriture l'aide plutôt à métamorphoser sa souffrance. Avant, j'étais dans la brume comme une âme errante, là ou ailleurs, sans savoir où aller, sans comprendre. Depuis que j'ai écrit, je me suis mis au clair, je ne suis plus seul, j'ai repris une direction, mais je ne suis pas guéri, je ne redeviendrai jamais comme avant puisque la blessure est dans mon corps, dans mon âme et dans mon histoire. Mon malheur charpente ma personnalité. Tout ce que je perçois, les objets, les lieux, les maisons et les raisons, sont référés au malheur passé, mais je n'en souffre plus. Puisque j'ai trouvé un sens, mon monde intime a pris une autre direction. Depuis que j'ai écrit mon malheur, je le vois autrement : « Aux effets de symbolisation et

---

3. Rimé B., *Le Partage social des émotions, op. cit.*

de trace qui sont plus forts dans l'acte d'écrire que dans celui de parler, il faut ajouter les bénéfices secondaires de prise de recul, d'apaisement et de reconnaissance[4]. »

Quand le malheur entre par effraction dans le psychisme, il n'en sort plus. Mais le travail de l'écriture métamorphose la blessure grâce à l'artisanat des mots, des règles de grammaire et de l'intention de faire une phrase à partager. L'objet écrit est observable, extérieur à soi-même, plus facile à comprendre. On maîtrise l'émotion quand elle ne s'empare plus de la conscience. En étant soumis au regard des autres, l'objet écrit prend l'effet d'un médiateur.

Je ne suis plus seul au monde, les autres savent, je leur ai fait savoir. En écrivant j'ai raccommodé mon moi déchiré ; dans la nuit, j'ai écrit des soleils.

---

4. Chaput-Le Bars C., *Traumatisme de guerre. Du raccommodement par l'écriture*, Paris, L'Harmattan, 2014, p. 200.

TABLE DES IDÉES

Histoire de la folie avant la psychiatrie (dir. avec Patrick Lemoine), 2018.

Psychothérapie de Dieu, 2017.

La Folle Histoire des idées folles en psychiatrie (dir. avec Patrick Lemoine), 2016.

Ivres paradis, bonheurs héroïques, 2016.

Les Âmes blessées, 2014.

Résilience et personnes âgées (dir. avec Louis Ploton), 2014.

Résilience. De la recherche à la pratique (dir. avec Marie Anaut), 2014.

Sauve-toi, la vie t'appelle, 2012.

Résilience. Connaissances de base (dir. avec Gérard Jorland), 2012.

Quand un enfant se donne « la mort ». Attachement et sociétés, 2011.

Famille et résilience (dir. avec Michel Delage), 2010.

Mourir de dire. La honte, 2010.

Je me souviens…, « Poches Odile Jacob », 2010.

Autobiographie d'un épouvantail, 2008.

École et résilience (dir. avec Jean-Pierre Pourtois), 2006.

Psychanalyse et résilience (dir. avec Philippe Duval), 2006.

De chair et d'âme, 2006.

Parler d'amour au bord du gouffre, 2004.

Le Murmure des fantômes, 2003.

Les Vilains Petits Canards, 2001.

Un merveilleux malheur, 1999.

L'Ensorcellement du monde, 1997.

De l'inceste (avec Françoise Héritier et Aldo Naouri), 1994.

Les Nourritures affectives, 1993.

Inscrivez-vous à notre newsletter !

Vous serez ainsi régulièrement informé(e)
de nos nouvelles parutions et de nos actualités :

https://www.odilejacob.fr/newsletter

Composition et mise en pages
Nord Compo à Villeneuve-d'Ascq

N° d'édition : 7381-4828-X – N° d'impression : 1902.0404
Dépôt légal : avril 2019

Imprimé en France